Roblox

Diviértete en un entorno seguro

Chema Gómez

Para mi familia,
también la de los videojuegos.

·

Roblox. Diviértete en un entorno seguro
Código THEMA: YXE – Intereses prácticos para niños / Videojuegos
Código BISAC: GAM016000 – GAMES / VIDEO & ELECTRONIC GAMES
© Chema Gómez
© De la edición: Ra-Ma 2025

Editado por Ra-Ma Editorial
ISBN: 979-13-8805-910-0
Depósito legal: M-24656-2025
Maquetación: Antonio García Tomé
Diseño de portada: Antonio García Tomé
Filmación e impresión: Safekat
Impreso en España en noviembre de 2025

ÍNDICE

1

¿QUÉ ES ROBLOX?

¡Tu aventura comienza aquí!

¡Hola, futuro explorador de mundos, constructor de sueños y crack de descubrir minijuegos! ¿Estás listo para sumergirte en un universo donde la imaginación no tiene límites? Pues prepárate, porque estás a punto de descubrir qué es Roblox y por qué millones de niños (ojo, y no tan niños) de todo el mundo están enganchados. En un paralelismo a Minecraft, es una opción con muchas variantes y en la que puedes dedicar unos pocos minutos a disfrutarlo. O viciarte durante horas, eso depende del tiempo que tengas. Pero tranquilo. No hace falta que andes preocupado si no puedes completar algo un día. Días, como minijuegos, hay muchos.

Imagen de Digital Family

Ahora, imagina un juguete gigante, un mundo mágico donde puedes ser lo que quieras: ¿Un constructor espacial? ¿Un detective en un misterio? ¿O quizás un chef en la pizzería más loca del planeta? Todo eso y más es Roblox. No es un juego, son muchísimos y creados por miles de personas. También veremos cómo crear uno… ¿Te atreves?

¡Vamos a ello, que una vez configurado todo, vamos a hacer historia! ¡De Roblox, claro!

1.1 INTRODUCCIÓN: DE LOS BLOQUES AL METAVERSO

Intento de definición de Roblox

Piensa en Roblox como un gran parque de atracciones. Uno digital. Pero aquí no solo vale disfrutarlas, también crearlas. Desde sus inicios, Roblox era un lugar donde todo estaba hecho de bloques, como si fuera de LEGO, pero su evolución ha sido inmensa. Es un **metaverso**, una palabra un poco rara que significa que es un universo virtual donde puedes hacer de todo: jugar, crear, charlar con amigos, ir a conciertos, ¡y hasta aprender!

Ejemplos de metaverso: para que entiendas su significado, el ejemplo de Marvel con sus vengadores nos viene perfecto. Los tres Spiderman, el Loki cocodrilo…

Así que, podemos afirmar que hay una única regla, muy clara:

¡Aquí no hay límites para tu imaginación! Puedes construir tu propia casa de ensueño, un castillo flotante o una base secreta en la Luna. Y si no te apetece construir, hay millones de mundos listos para explorar. ¿Quieres domar dragones? ¿Ser un superhéroe? ¿O huir de un zombi hambriento? En Roblox, siempre hay una aventura esperándote.

¿Qué te apetece crear?

Escribe aquí tus ideas y hazlas realidad:

1.2 ENTENDAMOS EL CONCEPTO DE EXPERIENCIA

En Roblox, no hablamos solo de juegos, sino de experiencias. ¿Por qué? Porque son mucho más que un simple pasatiempo. Cada experiencia es un mundo único, creado por alguien… O por varias. Las opciones son infinitas, algo así como cuando juegas a Minecraft. Peor cambiando el rol de supervivencia (si quieres) y la necesidad de sobrevivir por una zona libre de juegos. Puedes ser un personaje que se divierte explorando o un creador que diseña sus propios mundos para que otros los disfruten. O ambas. Aquí no hay reglas.

Imagina que eres un cocinero. O el dueño del establecimiento. Puedes ir al restaurante y probar la comida como un cliente más o puedes ir a la cocina y crear tus propios platos deliciosos como si estuvieras en MasterChef. Lo genial de Roblox es que mucha gente empieza jugando y luego se anima a crear sus propias ideas. ¿Serás tú el siguiente jugador en convertirse en una leyenda en el mundo de Roblox?

1.3 TU AVATAR

Comencemos con lo serio. Para jugar, hay que seguir unos pasos muy fáciles.

Tu avatar es tu yo en el mundo de Roblox. Y las opciones son interminables, monada. ¿Quieres ser un robot con cabeza de pizza? Dale. ¿Una bruja con un sombrero gigante y un gato volador? ¿Por qué no?

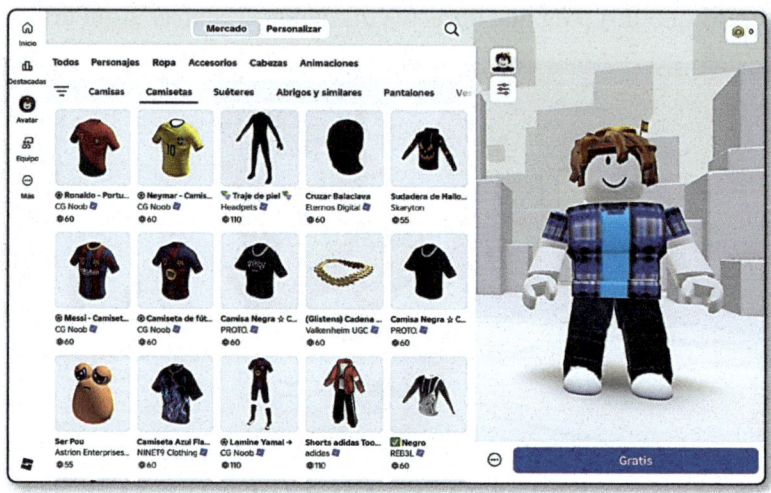

Al principio, tu avatar es bastante básico, pero tienes millones de opciones para cambiarlo: ropa, peinados, caras, animaciones… Incluso partes del cuerpo. Así como lo lees. Hay objetos que puedes conseguir gratis y otros que se compran con Robux. Si no la conoces, no te preocupes. Es la moneda del juego, el dinero con el que comprar todo lo necesario.

Y hablando de partes del cuerpo, ¿sabes qué es RTHRO? Es como la evolución de los avatares. Antes, todos éramos un poco "pixelados o cuadrados, ¿verdad? Ahora, con RTHRO, tu avatar puede tener formas más realistas, más musculosas, o más delgadas, como un personaje de dibujos animados. Imagina que tu avatar ha ido al gimnasio o la zona de entrenamiento. La de cantidad de cosas que puedes crear…

RTHRO: La evolución del bloque

¿Es un juego? ¿Es un avión? No. RTHRO no es un juego, ni un sombrero, ni una pizza… Es un estilo de diseño de avatar. Un RTHRO es un tipo de avatar que tiene proporciones más realistas y animaciones más fluidas que el avatar clásico (aquel de bloques que parece un muñeco de LEGO).

Hay miles de ejemplos. Aquí, la Vaca Saturno Saturnita.

¿QUÉ TIENE DE ESPECIAL?

▶ **Buena forma:** si el avatar clásico es cuadrado y con las extremidades como ladrillos, el RTHRO tiene piernas y brazos más redondos, cuellos, y cuerpos que se parecen más a los de un personaje de caricatura o de videojuego moderno. Es decir, una apariencia más propia de un videojuego realista.

▶ **Animaciones fluidas:** los avatares RTHRO se mueven de forma más natural. Corren, saltan y caminan con más gracia que los avatares clásicos, que son más rígidos y transmiten una sensación de falso movimiento.

▶ **Piezas ajustables:** permiten ajustar la altura y la anchura de tu personaje para que se vea alto y delgado. O bajito y fornido. Recuerda, tú eliges.

Imagen de Wiki Roblox

El RTHRO es la opción de Roblox para que sus personajes parezcan menos de apariencia básica, hechos de bloques, y más como figuras de acción modernas o personajes de una película de animación. Puedes usar ropa y accesorios clásicos en un cuerpo RTHRO… Y ya verás el resultado.

Puedes ver el estilo RTHRO en acción de dos maneras principales: en los paquetes completos de avatar y en los personajes de los juegos.

Paquetes de Avatar RTHRO

Cuando vas a la tienda de avatares (marketplace, mercado...), verás muchos paquetes de personajes que tienen el estilo RTHRO.

 Si buscas un paquete de avatar y ves que sus rodillas se doblan con mucha suavidad y la cabeza no es un cuadrado perfecto, ¡es un RTHRO!

Personajes No Jugables (NPC) en Experiencias

Muchos juegos nuevos usan modelos RTHRO para sus personajes que no puedes controlar (los NPC) para que el mundo se sienta más profesional y creíble.

> ► **En la tienda de *Adopt Me!*:** los personajes que venden pociones o artículos a menudo son avatares RTHRO bien detallados.
>
> **Policías y ladrones en *Jailbreak*:** algunos guardias o personajes importantes que te dan misiones en juegos de rol o simulación son RTHRO, mientras que los jugadores eligen ser RTHRO o clásicos.
>
> **Mundos de fantasía (Ej. *World // Zero*):** los monstruos y los personajes principales tienen ese estilo, lo que hace que el juego parezca de consola.

En el siguiente capítulo, veremos las opciones de tu avatar cuando eres nuevo usuario en Roblox.

2

GUÍA DE INICIO: CÓMO EMPEZAR A JUGAR

¡Crea tu cuenta y tu avatar!

¡Felicidades! Ya conoces la moneda mágica (Robux) y el estilo moderno (RTHRO). Algo te empieza a sonar y a gustar. Y tienes ganas de jugar y jugar… Para ello, vamos a crear nuestra cuenta y avatar. Si lo tienes ya, puedes saltarte esta parte o quedarte para descubrir algún secreto… Como en el juego, ¡tú eliges! Ahora, ¡es hora de la acción!

Vamos paso a paso joven padawan… Digo, noob. O novato, que es lo mismo.

2.1 PRIMER PASO: CREA TU CUENTA

Tu cuenta es tu identidad en el metaverso. ¡Sin ella, no entras! O te creas una o no disfrutas de todo lo que estás viendo y escuchando… Adelante.

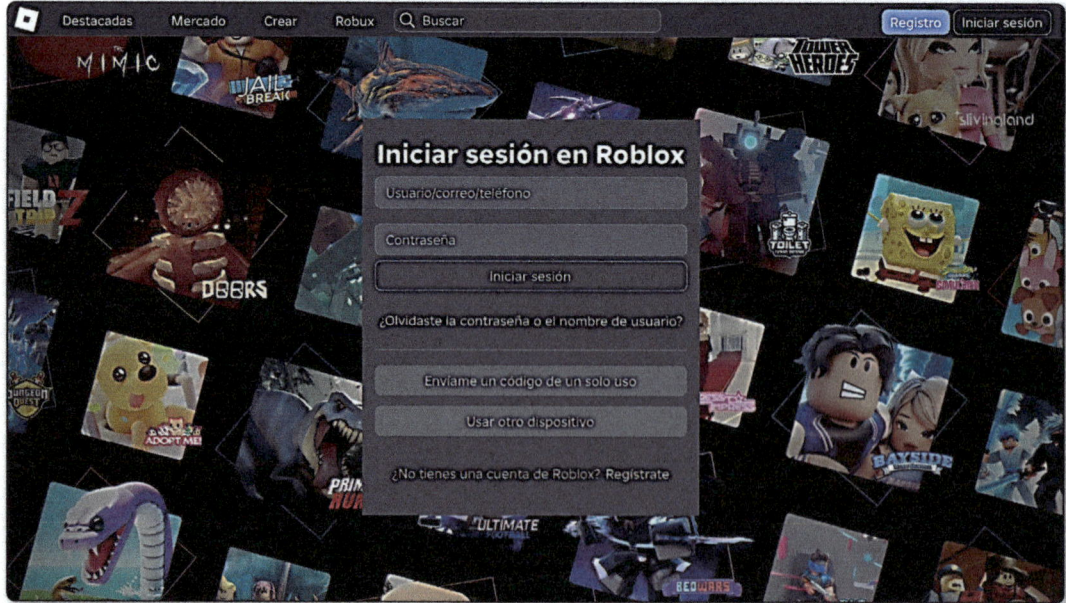

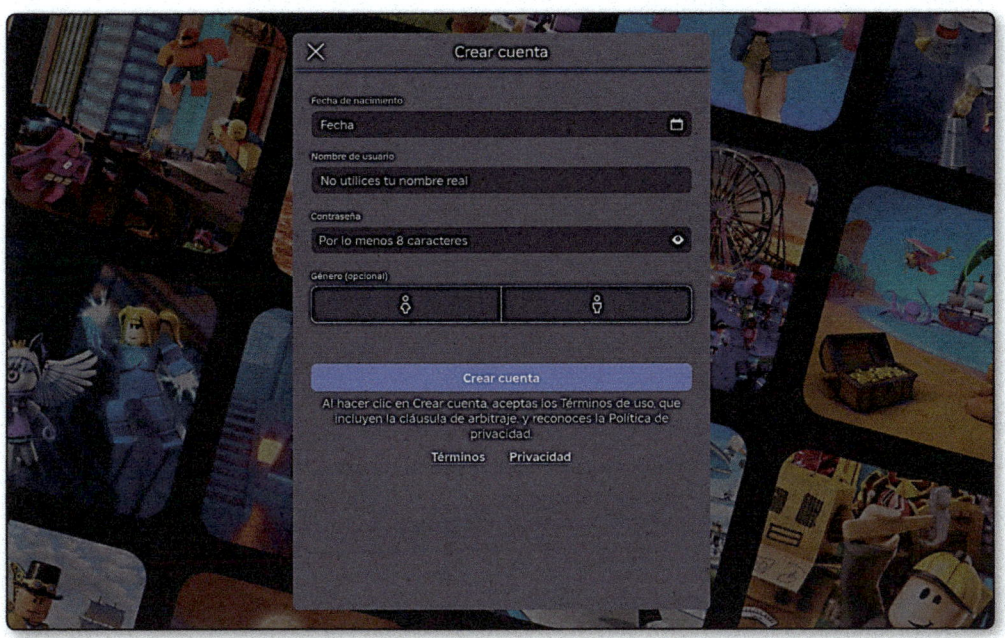

Crear tu cuenta es muy fácil. Incluso un niño puede hacerlo. Y tanto es así que no es necesario un e-mail o un teléfono para hacerlo. Sí que obtienes beneficios si lo haces como el sombrero verde de regalo. Ahora, introduce los siguientes datos:

- ▶ **Fecha de nacimiento:** Roblox recomienda no mentir aquí para aconsejar juegos que mejor se adapten a tu edad.

- ▶ **Nombre de usuario:** importantísimo la información que viene reflejada: no utilices tu nombre real. Ni compartas ningún dato. En el apartado de ciberseguridad viene detallado todo lo necesario para que no seas víctima de ningún engaño. Léelo antes de seguir.

- ▶ **Contraseña:** elige una segura y evita cosas fáciles como 12345 o qwerty.

- ▶ **Género:** opcional si te identificas con cualquiera de los géneros presentados.

Y tras leer los Términos y la Privacidad, estás a un clic de comenzar tu historia.

RECUERDA

Una vez creada la cuenta, ve a la configuración y pídele a un adulto que te ayude a verificar tu correo electrónico y teléfono. Esto hace tu cuenta más segura y, como ya sabes, ¡Roblox te da un regalo virtual gratis por hacerlo!

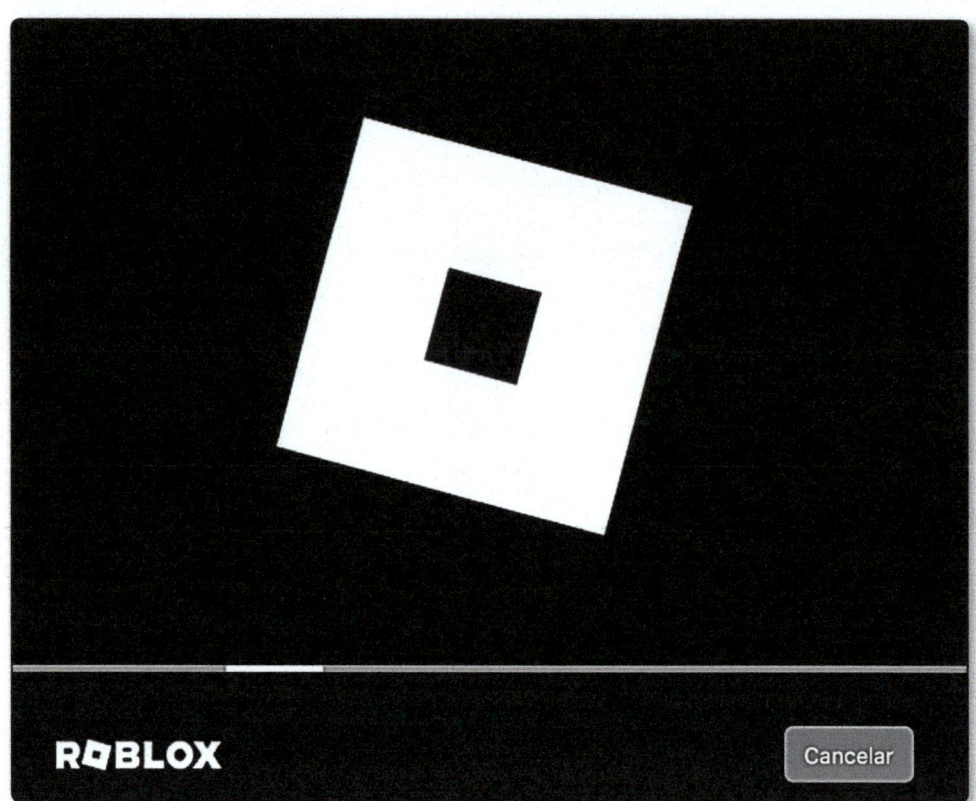

2.2 CREA TU AVATAR

¡Tu avatar es tu "yo" digital! Al principio, tendrás el aspecto básico, pero la personalización es infinita. Piensa en cualquier cosa y podrás conseguirla. Vamos a echar un ojo a las opciones.

Sección del editor	Lo que puedes hacer.
Ropa	Hay camisas, pantalones, camisetas, y ¡hasta capas! Puedes usar las prendas básicas gratuitas para empezar a combinar.
Cuerpo	Aquí cambias el color de la piel, el peinado y la cara. Las caras clásicas son gratis y las guais cuestan robux.
Accesorios	¡La parte divertida! Sombreros, gafas, mochilas, alas, mascotas en el hombro... Muchos se compran, pero Roblox suele regalar algunos en eventos. Estate atento a campañas especiales.
Animaciones	¿Quieres correr como CR7 o caminar como un robot? Las animaciones cambian la forma en que tu personaje se mueve. Hay algunas gratuitas y otras de pago.

Hay muchísimas opciones para personalizar a tu avatar, así que tómate tu tiempo y observa todo lo que puedes comprar. Recuerda que puedes volver en cualquier momento, así que tranquilo que tu avatar siempre podrá estar a la moda.

Explora los paquetes RTHRO gratuitos en la tienda. Incluso si no te gusta el atuendo completo, te quedas con las partes del cuerpo más estilizadas para usarlas con tu propia ropa.

2.3 CONFIGURACIÓN DE LA CUENTA Y CIBERSEGURIDAD

Antes de jugar, asegúrate de que todo está ajustado para que tu experiencia sea divertida y segura. Ve a la opción de configuración y veamos todas las opciones. Y también vamos a dedicar, algo muy importante, un espacio a la ciberseguridad. Si tienes ganas de jugar a Roblox, es esencial que comprendas esta parte para un disfrute seguro y aún más divertido.

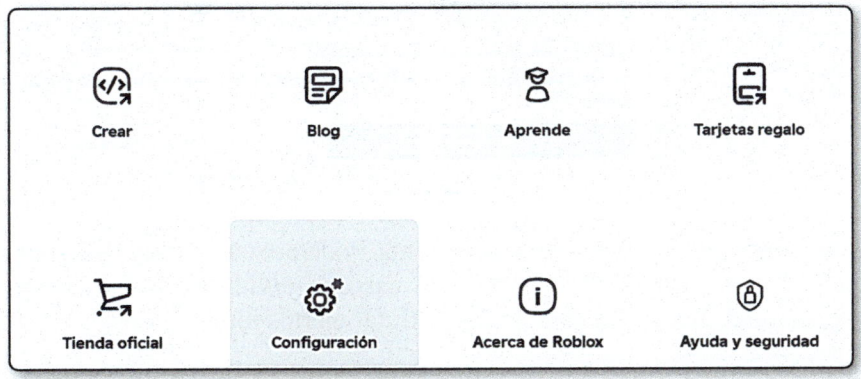

Información de la cuenta:

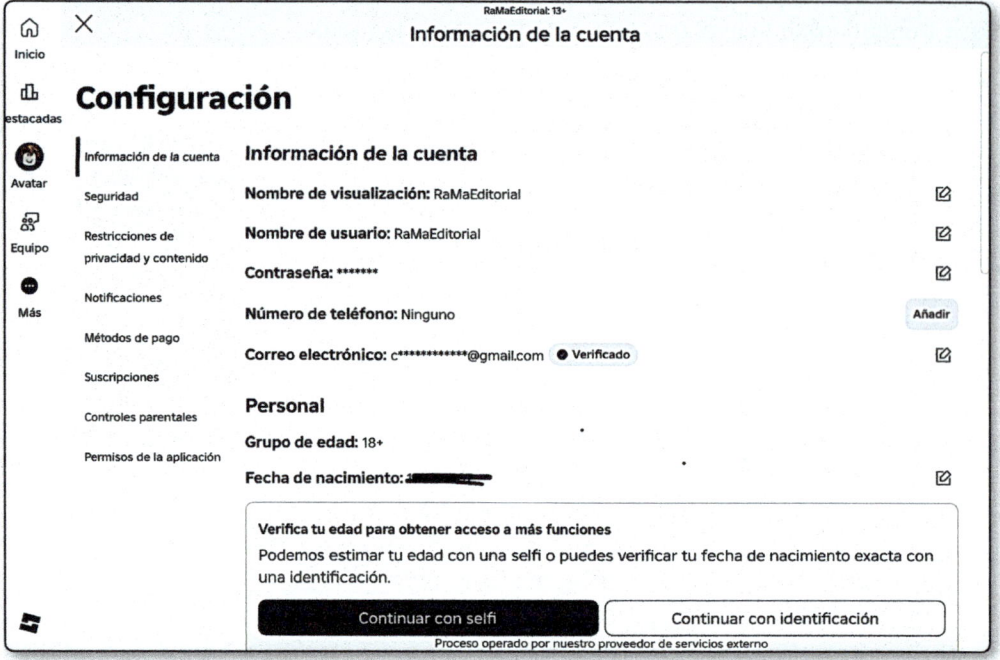

Aquí, vamos a ver un resumen de nuestra cuenta. Podemos comprobar toda la información y verificar que esté correcta o recordarla en caso de olvidarla. Y, muy importante, la verificación de edad. Necesaria para poder disfrutar ciertos juegos.

Seguridad:

No hay nadie mejor que Roblox para que explique esto:

Añade una capa adicional de protección a tu cuenta con la verificación en dos pasos en el inicio de sesión, en la recuperación de cuenta y en las transacciones de alto valor. Solo puedes activar una de las siguientes opciones a la vez.

IMPORTANTE

No compartas tus códigos de seguridad con nadie por mensajes de texto, compartiendo pantalla, etc. No cambies la configuración de seguridad a petición de otra persona. Roblox nunca te pedirá que compartas tus códigos o que cambies la configuración para comprobar que eres el propietario de la cuenta.

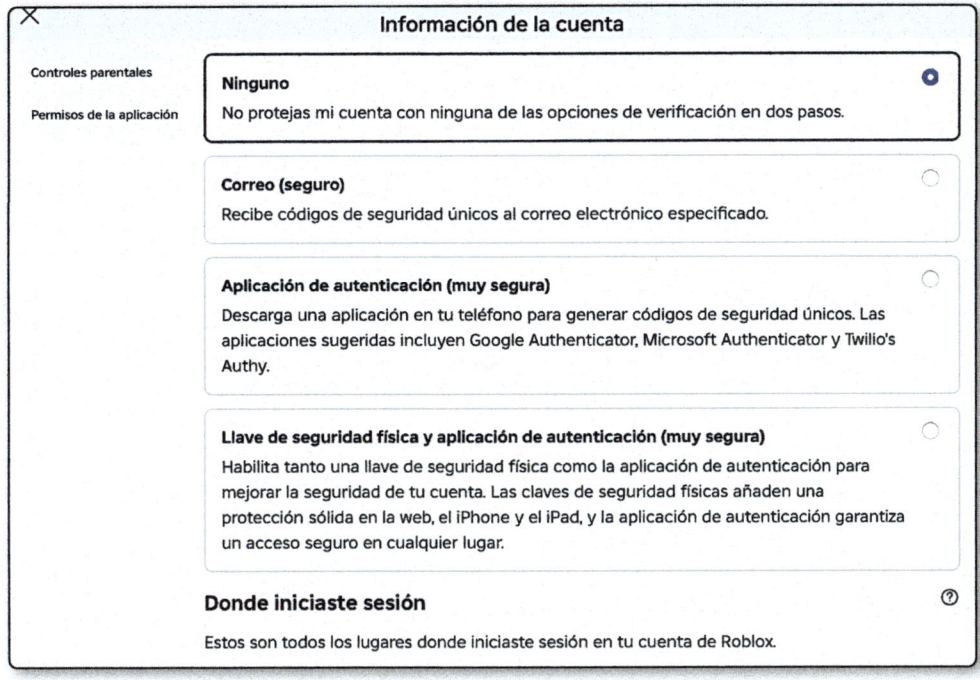

Cuando hayamos visto todos los puntos, nos centraremos en la ciberseguridad.

Restricciones de privacidad y contenido:

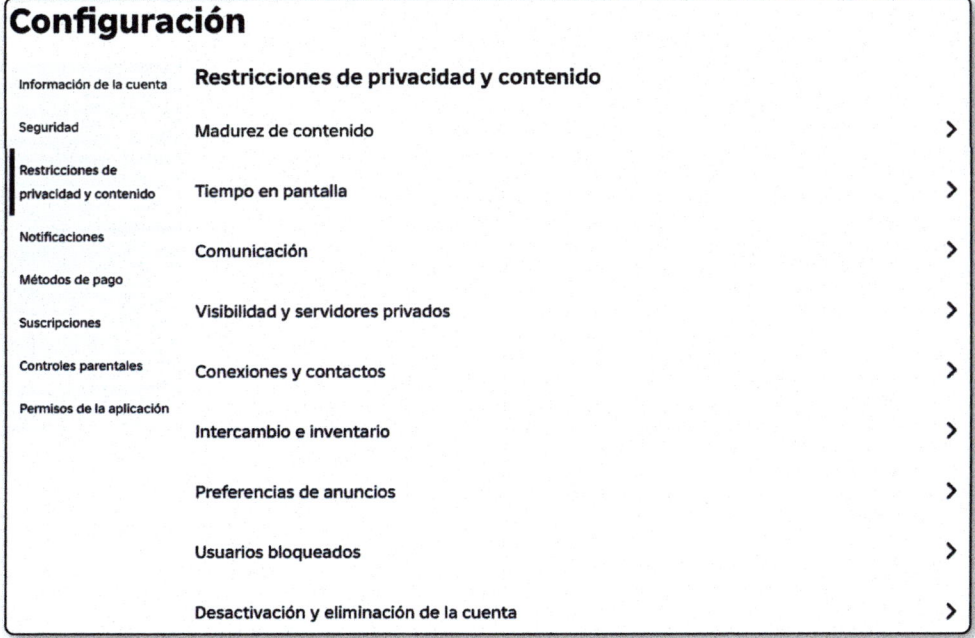

Notificaciones:

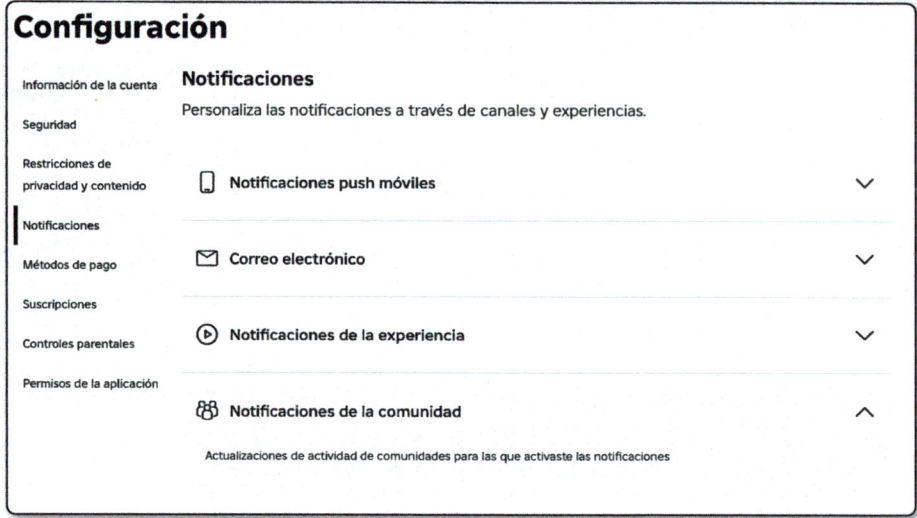

Apartado sencillo en el que podrás gestionar las notificaciones, tanto de teléfono, e-mail o chat.

Métodos de pago y suscripciones:

Añadimos las dos en un punto porque te sale la información de ambas. Cuando tengas una escogida, podrás editarla, eliminarla o actualizarla.

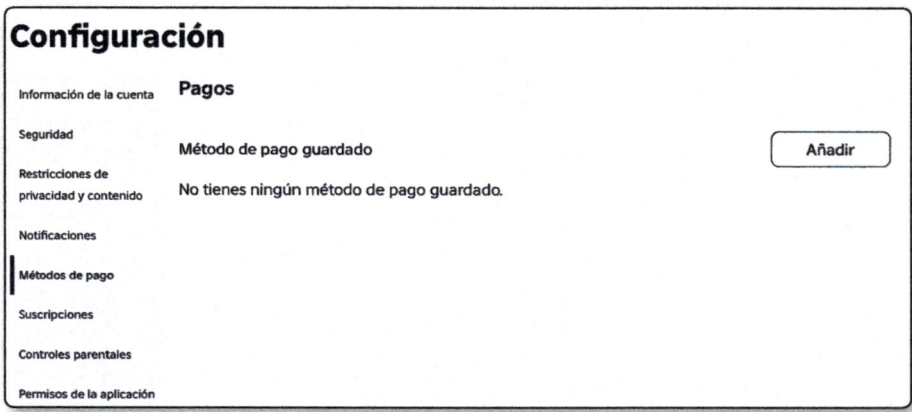

Controles parentales:

Básicamente, te proporciona el enlace desde el cual explica cómo enlazar (y desenlazar) una cuenta de adulto a una de niño.

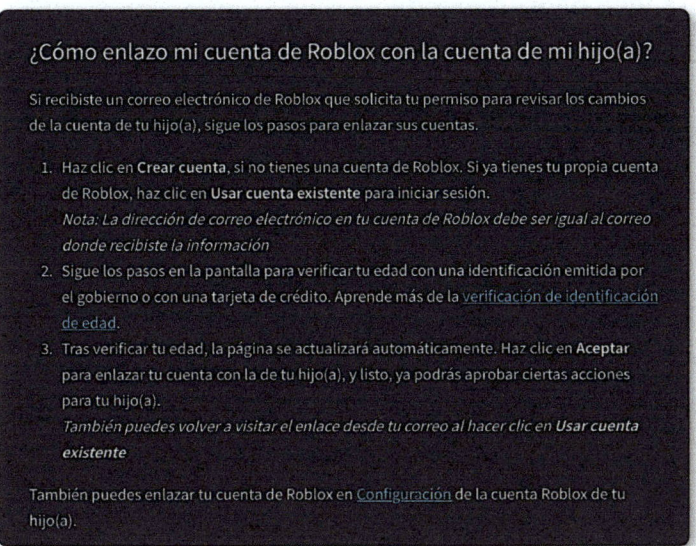

Aplicaciones de terceros: aquí, cuando las tengas vinculadas, aparecerán las cuentas que estén añadidas a tu cuenta de Roblox.

 **CIBERSEGURIDAD**

Roblox es un lugar increíble, pero como cualquier lugar con mucha gente, ¡siempre hay que ir con cuidado! Tu seguridad es lo más importante. Sigue estas reglas de oro:

No digas nada: NUNCA compartas tu nombre real, dirección de casa, número de teléfono o nombre de tu colegio con nadie que conozcas solo en Roblox. ¡Nadie necesita esos datos para jugar contigo!

Contraseña ultrasecreta profesional: NUNCA compartas tu contraseña con nadie, ni siquiera si alguien dice ser un administrador de Roblox o tu "mejor amigo virtual". Si alguien te pide tu contraseña, ve a decírselo a alguien corriendo. Pero nunca caigas en la trampa… O tu cuenta desaparecerá.

¿Robux gratis?: no existen los "Generadores de Robux". Si un sitio web o un juego te prometen Robux gratis a cambio de tu contraseña o información, ¡es una estafa! La única forma de conseguir Robux es comprándolos o ganándolos.

En caso de duda: si ves algo que te asusta, te incomoda o te parece sospechoso (en especial si ves que te están insultando, amenazando o cualquier indicio de bullying) cierra el chat y cuéntaselo a un adulto de inmediato.

Reportar o no: si alguien se porta mal, usa el botón de Reportar Abuso. Al hacerlo, ayudas a Roblox a eliminar a los jugadores malos para que la plataforma sea segura para todos.

2.4 VISTAZO A LA WEB DE NAVEGACIÓN

Así que ya tienes tu cuenta y tu avatar… Antes de buscar juegos, vamos a ver el panel de navegación. Muy sencillo y con el que podrás realizar miles de acciones.

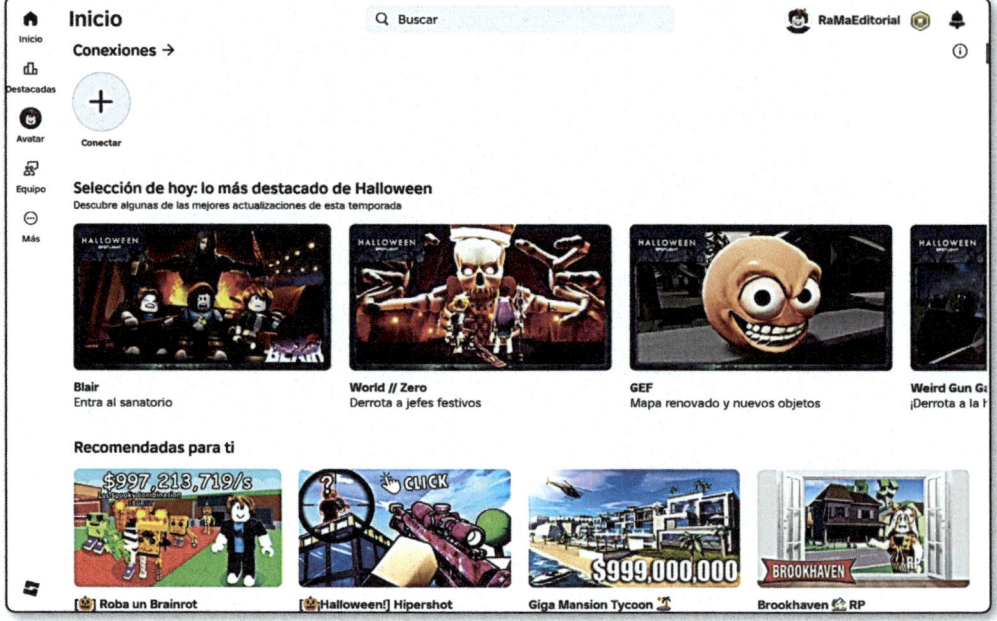

▸ **Inicio:** el gran catálogo. Verás juegos populares y los que están en tendencia. Además de los más jugados, si hay campañas especiales como Halloween te saldrán reflejados.

▸ **Búsqueda:** tan fácil como escribir en la lupita el juego o el género que buscas.

▸ **Amigos:** aquí, verás qué contactos están jugando y a qué. Si te ha dado envidia, puedes unirte a ellos.

▸ **Avatar:** acceso directo a tu jugador para que sigas personalizándolo.

▸ **Más:** todas las opciones que faltan aparecen en un menú aparte cuando haces clic.

▸ **Jugar:** cuando hayas elegido un juego, pulsa en la imagen y… Estás listo para jugar.

¡Ya está! Ahora tienes tu pase de entrada al universo Roblox. Una vez que encuentres tu primera experiencia, juego, amigos… No tendrás excusa para embarcarte en esta gran aventura en la que decides tú. Y solo tú.

2.5 AMBIENTE SOCIAL EN ROBLOX

Roblox no sería lo mismo sin su parte social. Es como ir al colegio y no disfrutar del recreo. O de los compañeros. O de todo lo que nos ofrece. La posibilidad de vivir una aventura tras otra está al alcance de tu mano. Concretamente, al alcance de tu dedo. Pero antes, vamos a repasar las opciones en línea que puedes disfrutar.

- ▸ **Amigos:** puedes enviar solicitudes de amistad a gente que conozcas en los juegos o a tus amigos del cole. Según vayas agregando amigos, aparecerán más y más. También es posible que conozcas a otros usuarios en juegos. Está bien pero siempre respetando las leyes de ciberseguridad.

- ▸ **Grupos:** son como club o equipo. Hay grupos de tofo: fans de un juego, grupos de creadores, grupos de gente a la que le gusta el mismo tipo de cosas. Prueba y únete para mejorar la experiencia.

- ▸ **Chat:** como en la mayoría de juegos de esta temática, contarás con un chat para hablar con tus amigos. Recordando siempre no compartir nada (datos, información…) con nadie. Roblox tiene filtros muy buenos para asegurarse de que todo el mundo se lo pase bien sin problemas. Pero siempre hay gente que, por desgracia, se busca las maneras para engañarte. Si tu amigo se llama RaMaEditorial y te llega una solicitud de amistad de RaMaEditorial, deberías hablar antes con tu amigo para confirmar que es él. Si te das cuenta, cambiar una minúscula por una mayúscula puede ser un cambio que no aprecies. Hay que estar siempre en alerta.

También puedes manejar tus conexiones. Puedes añadir un código QR, buscar personas y también aparecen posibles personas que conozcas. Echa un ojo.

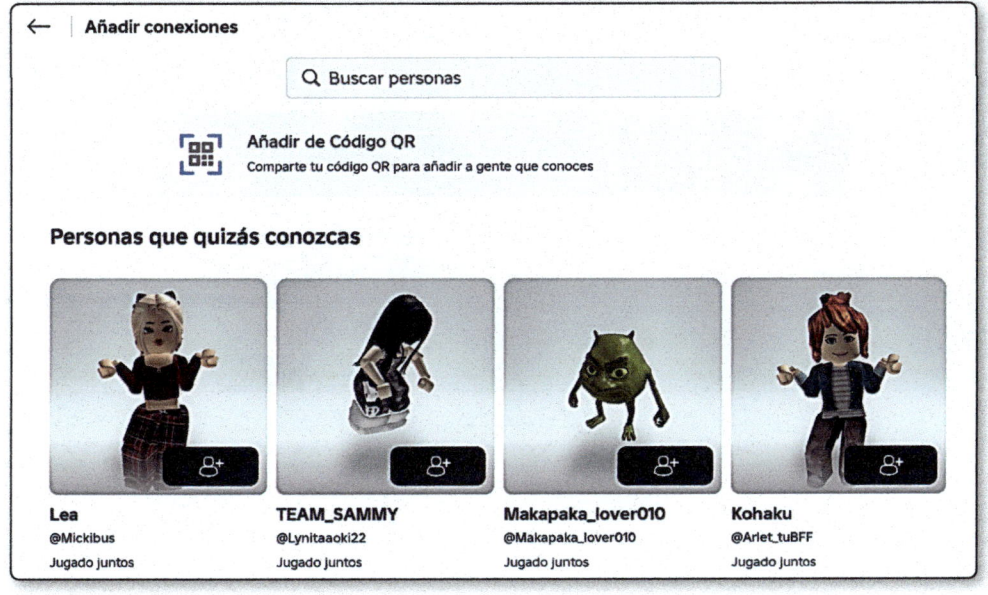

¡Roblox es un lugar increíble para hacer nuevos amigos de todo el mundo y compartir aventuras!

Ahora que ya conoces lo básico, estás preparado para lo que más te apetece: ¡Disfrutar todos los juegos que ofrece Roblox! Algo complicado porque hay miles… millones… ¡Y cada día más!

 **CIBERSEGURIDAD**

Los mundos virtuales como Roblox u otros juegos similares son espacios increíbles para la creatividad y el juego. Sin embargo, su popularidad masiva entre niños y adolescentes los convierte en objetivos para estafadores y gente que se quiere aprovechar de eso. La clave para mitigar estos riesgos es la comunicación ante cualquier indicio de problema y la configuración segura de la cuenta. La seguridad en línea depende tanto de la plataforma como del conocimiento que tienen los usuarios sobre sus propios límites.

LO QUE DEBEN SABER TUS PADRES

La primera línea de defensa es siempre el usuario. Los niños deben entender que las reglas de seguridad del mundo real se aplican, e incluso son mayores, en el mundo virtual.

Diles a los niños que la **Regla de Oro** es esta: la información personal NO se comparte. Esto incluye su nombre completo, su edad exacta, la ciudad donde viven, el nombre del colegio o cualquier fotografía o archivo que soliciten. Han de tener claro que siempre, ante cualquier duda, hay que avisar a algún adulto. Esto no es ninguna broma, por lo que el tiempo de diversión ha de aparcarse un momento para poder disfrutar de Roblox bien.

Si alguien, bajo cualquier pretexto, les pregunta por el nombre de su colegio o dónde viven, deben responder que esa información es un secreto y que están prohibidos compartirla. Inmediatamente después, deben contarte a ti lo que ha ocurrido. Compáralo a abrir la puerta de casa. Algo que sepan que está mal desde pequeños.

Un peligro común es el engaño del **amigo falso**. Diles que miren bien el nombre de usuario de sus amigos. Los estafadores a menudo crean perfiles que se ven idénticos a los de un amigo real, cambiando solo una o dos letras para intentar engañarlos

EJEMPLO:

"El usuario RamiTo1112 te ha solicitado amistad"

Muy raro que tu amigo no te haya dicho nada y alguien muy parecido esté intentando conectar contigo.

Tras mirar tu lista de amigos, ves que es Ramito112, modificando la letra T. Tras esto, llamas a tu amigo y le cuentas. Te dice que no es él.

Acabas de salvarte de ser engañado en línea. Y has salvado a tu amigo también. Quién sabe qué podrían querer: robarte el dinero y accesorios de tu cuenta, querer robar dinero real...

Si el mensaje que reciben es extraño, les pide información sensible, o los dirige a un sitio web externo, deben bloquearlo de inmediato.

Respecto a las recompensas, deben entender que el Robux Gratis no existe. No hay ni existen páginas o redes sociales que lo regalen. Si alguien les ofrece la moneda del juego (Robux), o cualquier artículo de alto valor, a cambio de su contraseña, su correo electrónico o cualquier dato bancario, es una estafa diseñada para robar su cuenta. Conocido como *Phishing*. La primera acción tiene que ser bloquear y denunciar.

De la misma manera, jamás deben hacer clic en enlaces externos que les envíen por el chat, aunque digan que es un enlace a un juego secreto o un mapa con regalos. Solo con meterse, ya podrían estar siendo víctimas de algún virus.

Y, ante la duda, lo correcto, lo que hay que hacer, lo que haría su avatar en Roblox, es **Bloquear y Reportar** si alguien les habla de forma inapropiada, les ataca o se comporta de forma extraña.

Lo que debéis saber ambos

▶ **Medida 1:** diles a los padres que la primera acción es la correcta Configuración de la Cuenta. Deben asegurarse de que la cuenta tenga la fecha de nacimiento real del menor. Esta simple acción es vital, ya que activa automáticamente los filtros de chat y las restricciones de contenido más estrictas que Roblox aplica a los menores de 13 años.

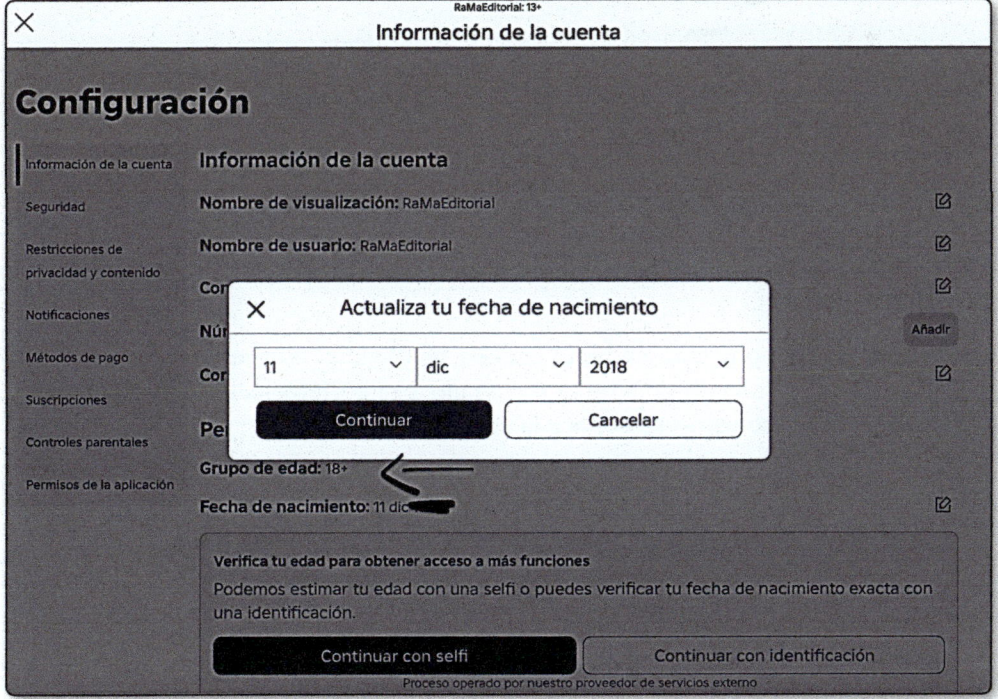

En la imagen, señalado con una flecha, ves el Grupo de edad al que pertenece dependiendo de su fecha de nacimiento. Si pusiste la tuya, o hay introducida una no acorde de su edad, es lo primero que debes hacer.

▸ **Medida 2:** una vez configurada la edad, deben limitar el Chat. Deben ir a la sección de Configuración de Privacidad de la cuenta del menor y cambiar las opciones de comunicación para que no le hable gente extraña Esto reduce algo el riesgo de que desconocidos malintencionados puedan iniciar un contacto con ellos.

▸ **Medida 3:** activar el PIN Parental. Se trata de un código de 4 dígitos que evita que el niño o un atacante pueda cambiar las restricciones de seguridad, alterar la configuración de privacidad o realizar compras de Robux sin tu consentimiento explícito.

Al mismo tiempo, y para evitar el hackeo, es esencial usar la doble autentificación, ya que requiere un código temporal enviado a su correo electrónico o teléfono para iniciar sesión, incluso si se conoce la contraseña.

▸ **Medida 4** (y la más importante)**:** es necesaria una supervisión constante. Es recomendable que los niños jueguen en áreas comunes del hogar y, si es posible, sin auriculares. Esto permite que el padre o la madre pueda escuchar las conversaciones y el lenguaje sin necesidad de "espiar" la pantalla, fomentando un ambiente de transparencia donde el menor se sentirá más cómodo compartiendo cualquier situación preocupante.

Roblox como Minecraft: la ciberseguridad es lo más importante

Aunque ambos juegos utilizan bloques y fomentan la creación, sus modelos de seguridad son diferentes, aunque con el mismo objetivo: evitar los ciberataques y que los niños y los padres puedan disfrutar tranquilos del juego.

Roblox funciona con un control centralizado alto. La plataforma filtra de manera constante todo del chat y modera los nombres de usuario. Esto significa que la propia empresa impone fuertes restricciones, especialmente para las cuentas de menores de 13 años. El riesgo aquí no es la falta de filtros, sino el volumen de usuarios.

En cuanto al riesgo de Phishing y ataques, ambos son objetivos principales. En Roblox, las estafas suelen girar en torno al Robux y los artículos virtuales. En Minecraft, el *phishing* se enfoca más en ofrecer "versiones gratuitas" del juego, *skins* exclusivos o códigos promocionales a cambio de credenciales de acceso. El factor humano (la credulidad del menor) es el eslabón más débil en ambos casos.

La ciberseguridad no es una característica que se activa y se olvida; es una conversación continua.

Por eso, siempre recuerda:

▸ No dar ningún dato: ni el nombre, ni el colegio ni cosas de la familia. NADA.

▸ Si ves una solicitud de amistad que no conoces, díselo a tus padres.

▸ Ante cualquier actividad que haga sentirte incómodo, bloquea y reporta.

▸ Nunca des números de tarjeta bancaria o uses el teléfono de algún adulto. Muchas páginas te prometen Robux gratis. No es así, son falsos.

▸ Para estar mejor enterados y conocer más conceptos sobre la ciberseguridad en videojuegos, te obsequiamos con este libro digital gratis. Puedes acceder a su contenido a través del QR indicado.

3

A JUGAR-PROFESIONES

¡Vamos a descubrir mundos y juegos!

¿A qué juego? ¿Cuál elijo en primer lugar? Es normal que estas preguntas ronden tu cabeza. Pero tranquilo, no hace falta que sea uno u otro antes. Tienes multitud de momentos para probar y probar. Sería imposible mencionar todos los juegos que están disponibles, por lo que vamos a hacer una selección de los más interesantes por categoría. Al final de cada capítulo tendrás una página para escribir tus juegos preferidos (si no están presentes) y así los tengas todos apuntados.

En este capítulo vamos a descubrir los juegos de… Profesiones. Veamos el primero.

3.1 WORK AT A PIZZA PLACE (TRABAJA EN UNA PIZZERÍA)

Buena opción para que sea tu primer trabajo y así acostumbrarte a la dinámica de Roblox. Aunque cada juego es diferente, pero es importante tener dominio con las teclas del juego, ya sea teclado de ordenador, mando, pantalla táctil del teléfono móvil…

El objetivo es sencillo: trabajar en Pizza Bucks para ganar dinero y usarlo para construir, amueblar y mejorar la casa de tus sueños en tu vecindario. ¡Tu meta final es tener la mansión más chula del barrio!

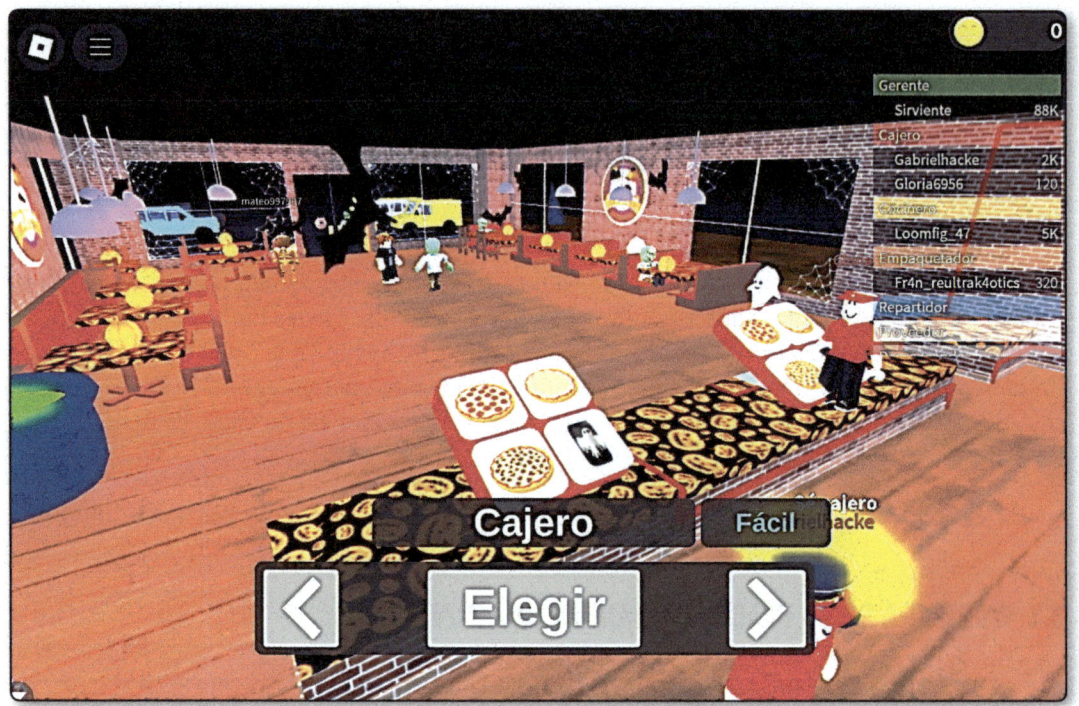

¿Qué te gustaría ser?

Lo primero que debes hacer es elegir tu trabajo. Mediante un menú muy fácil de usar podrás elegir los distintos tipos (repartidor, cajero, cocinero…) e ir ganando dinero para tu casa. Cuanto más difícil sea el reto, más dinero conseguirás.

► **Cajero:** (Nivel fácil) el más fácil para empezar y pillar la mecánica del juego. Toma los pedidos de los clientes y que nadie se quede sin su pizza.

► **Cocinero:** (Nivel difícil) crea diferentes pizzas y no hagas que los clientes esperan mucho.

▶ **Empaquetador:** pon las pizzas en el empaquetado y que vayan a sus clientes bien calentitas.

▶ **Repartidor:** (nivel medio) aquí tendrás que darte prisa y entregar las pizzas a tiempo. Corre, que el queso se derrite.

▶ **Proveedor:** (nivel difícil) tu misión es que no falte ningún ingrediente. Una pizza de pepperoni sin pepperoni no parece muy apetecible, ¿no crees?

▸ **Casa:** imagina el hogar de tus sueños y recréalo. Pero para ello, has de trabajar duro. ¿Cómo será la casa de tus sueños?

▸ **Laberinto del terror:** mira siempre los minijuegos que existen dentro del propio juego. En este caso, el laberinto del terror fue la opción.

CONSEJOS

▸ **El Repartidor es la clave:** si quieres ganar mucho dinero rápido, elige ser Repartidor. Aunque es más cansado el dinero y las posibles propinas son muy jugosas.

▸ **¡Mejora tu transporte!:** tan pronto como puedas, compra la mejor moto o coche para el Repartidor. Menos tiempo de viaje equivale a una mejor y mayor entrega de pizzas.

▸ **La casa es sagrada:** invierte el dinero en mejorar tu casa y añadir muebles. ¡Cuánto más grande y segura, tu dinero estará mejor protegido!

▸ **Busca eventos especiales:** campañas especiales pueden darte beneficios. Halloween o Navidad son los mejores ejemplos. Pero estate siempre atento a todas las novedades.

3.2 WELCOME TO BLOXBURG (BIENVENIDO A BLOXBURG)

¡El Simulador de Los Sims de Roblox!

Si alguna vez has querido diseñar y vivir en la casa de tus sueños, este es tu juego. Este juego va de vivir una vida virtual en un vecindario, chatear con vecinos y, sobre todo, construir casas hiperdetalladas. Tu objetivo es ganar dinero trabajando y usarlo para convertir un pequeño lote vacío en una gigantesca mansión, un restaurante o incluso una discoteca secreta.

Quien haya jugado o conozca el famoso videojuego de Los Sims sabrá el funcionamiento. Un clásico que nunca falla. Antes de empezar, piensa bien en lo que quieres ser y en qué te quieres gastar el dinero.

Y, por supuesto, cuenta con campañas y eventos especiales en los que podrás conseguir objetos u otras mejoras por tiempo limitado.

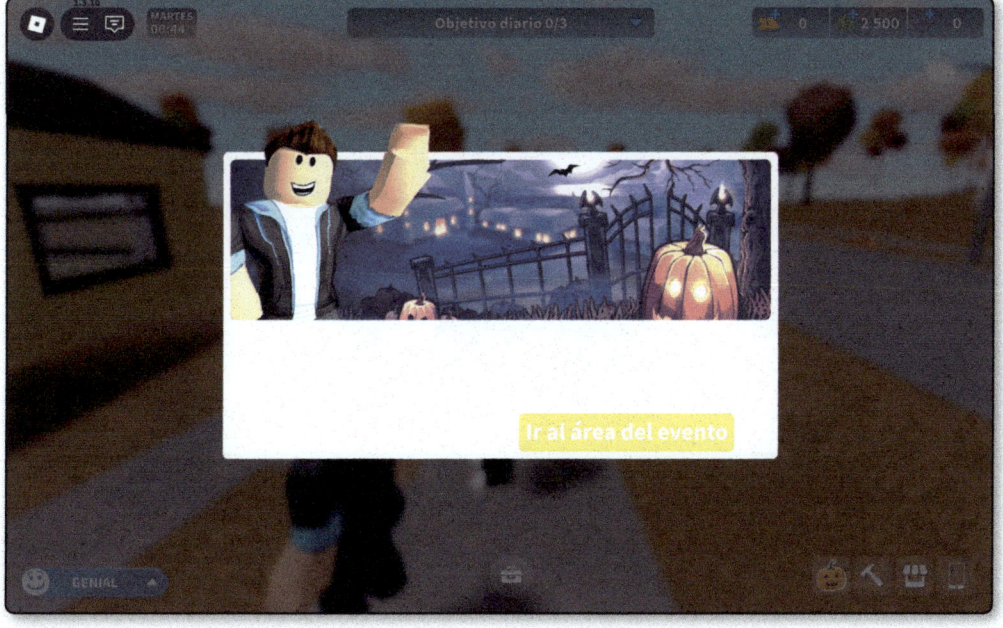

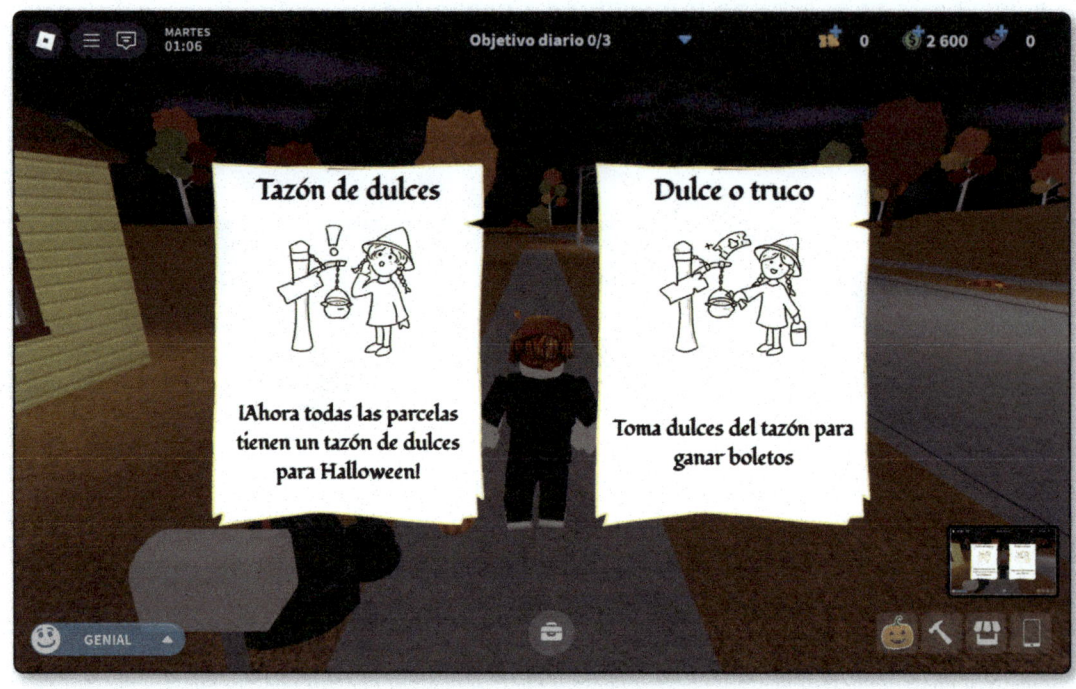

A TRABAJAR SIN DESCANSO PARA CONSEGUIR DINERO

El dinero en Bloxburg se llama, genialmente ideado, **dinero** y lo ganas en la ciudad. Necesitas dinero para construir, comprar coches o pagar las facturas de tu casa. Vamos, para todo.

Tienes muchas opciones de trabajo, pero las que más se usan son:

- ▸ **Cajero o reponedor** en la tienda de alimentación (fácil y constante).
- ▸ **Pizzero o repartidor** (uno de los que más paga, además de rápido y dinámico).
- ▸ **Minero** (ganas buen dinero, pero es más solitario).
- ▸ **Pescador** (si prefieres un trabajo relajado).

La clave es… ¡Subir de nivel! Bloxburg tiene un sistema de habilidades. Cuanto más trabajas en un puesto, más sube tu nivel de habilidad en ese trabajo, ¡y más dinero ganas por hora!

Un nivel más alto en un trabajo = ¡más dinero para tu bolsillo!

CONSEJOS

- ▸ **Paga el 'peaje':** este juego tiene un costo de acceso. Tienes que pagar alrededor de **25 Robux** una sola vez para poder jugar. ¡Es la única experiencia *top* que pide un pago inicial, pero te interesa por la calidad que ofrece!

- ▸ **La felicidad es dinero:** asegúrate de que tu personaje está siempre feliz, sin hambre y bien descansado. Un personaje feliz trabaja más rápido y rinde más, ¡lo que significa más dinero para ti!

- ▸ **La construcción, ¡sin límites!** El truco más divertido es el modo construcción: puedes construir sótanos, varias plantas, piscinas geniales y usar paredes invisibles para crear efectos alucinantes. ¡Inspírate en vídeos de YouTube para las ideas más locas!

3.3 JAILBREAK

Tú eliges, policía o ladrón
¡El GTA de Roblox! Tranquilo, para todos los públicos

Jailbreak te lanza a un gigantesco mapa de mundo abierto que incluye una prisión, una ciudad y un desierto. Desde que entras, debes tomar la decisión más importante y que marcará tu partida: ¿serás un criminal que roba bancos o un policía que mantiene la ley? El objetivo es dominar el mapa, conseguir los mejores vehículos y, si eres criminal, conseguir la mayor fortuna.

EL LADO LUMINOSO O EL LADO OSCURO: CRIMINAL O POLICÍA

Aquí, tu "trabajo" es tu bando. Ambos ganan dinero de forma muy diferente:

▶ **Trabajo de Criminal (El Ladrón):** tu objetivo inicial es **escapar de la prisión** (hay túneles, agujeros en la pared o asaltos directos a la puerta). Una vez libre, ganas dinero **robando**. Esto incluye atracar bancos, joyerías, gasolineras, o incluso el museo. Cada golpe exitoso es tu "pago", y puedes guardarlo en tu apartamento secreto.

▶ **Trabajo de Policía (El Héroe):** tu misión es evitar que los criminales escapen y, si lo hacen **arrestarlos** (esposarlos). Cada arresto exitoso te da dinero. Tu objetivo es mantener la paz y ser un buen conductor para alcanzar a los más veloces.

CONSEJOS

▶ **Los vehículos son la clave:** en *Jailbreak*, la velocidad lo es todo. Invierte tu dinero en los vehículos más rápidos y resistentes, especialmente los helicópteros o los coches deportivos. Si eres policía, un coche rápido significa que arrestas más criminales. Si eres criminal, un vehículo veloz puede ser tu salvación.

▶ **Si eres criminal, combina robos:** los robos grandes (un museo o un banco) solo se abren de vez en cuando. La clave para ganar mucho dinero es hacer una ruta: empieza con el tren o el camión de donuts mientras esperas a que el banco abra sus puertas y salgas como los integrantes de La casa de papel.

▶ **¡Cuidado al salir de la cárcel!** Si escapas como criminal, es muy común que un policía te esté esperando fuera de la prisión. Es mejor escapar por túneles secretos o por el patio e intentar tomar un helicóptero o un avión.

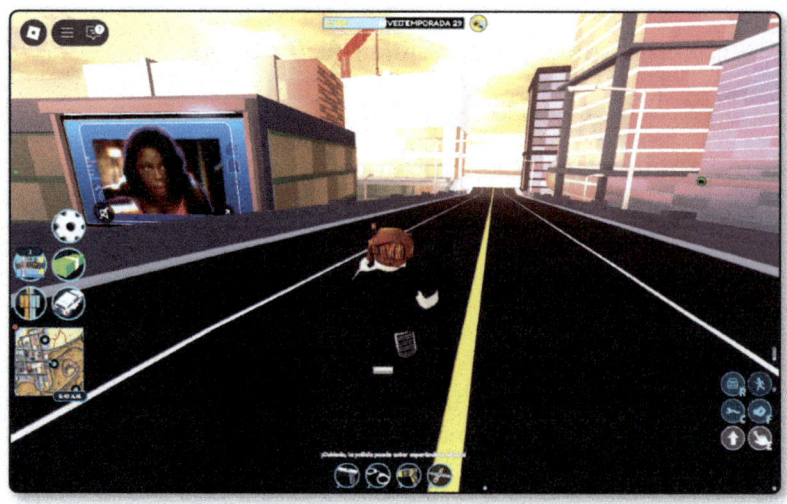

3.4 RESTAURANT TYCOON 3

Monta el mayor imperio gastronómico

Si soñaste con dirigir un negocio, este juego es para ti. En Restaurant Tycoon 3 empiezas con una parcela y un tipo de negocio básico, una caja registradora y poco dinero. Tu meta es diseñar, construir y gestionar el restaurante más popular y rentable de todo el mapa, dejando a MasterChef en una anécdota.

LA RECETA PARA EL ÉXITO

Aquí, tú no solo eres el dueño, sino que también haces de constructor, chef, y a veces, camarero. Tu dinero se gana vendiendo platos deliciosos a los clientes que visitan tu negocio. Pero recuerda que todos empezamos cocinando, sirviendo y atendiendo. Así que prepara tu mejor sonrisa y a servir un manjar digno de dioses.

▸ **Diseño:** empiezas poniendo mesas y sillas baratas. Pero luego puedes expandirte y colocar varios pisos, añadir piscinas, fuentes, decoraciones temáticas. Una taberna medieval o un bar futurista. Y, lo más importante, mejorar tu cocina.

▸ **Contratar personal:** no puedes hacerlo todo solo. Tienes que contratar chefs que cocinen, camareros que atiendan las mesas y cajeros que cobren. Como en la vida real, una mejor organización del trabajo desemboca en beneficios.

▸ **El menú:** tienes que desbloquear nuevas recetas. Cuanto más compleja y gourmet sea la comida, más dinero podrás cobrar y más contentos estarán tus clientes.

CONSEJOS

▶ **Prioridades:** no gastes tiempo cocinando tú mismo o sirviendo. En cuanto tengas dinero, contrata a personal para que te dediques a crear y diseñar.

▶ **Menuda decoración:** los clientes felices pagan más y dejan mejores propinas. Invierte en sillas y mesas caras y añade decoración. Sube el cache de tu restaurante.

▶ **Códigos secretos:** los creadores de *Restaurant Tycoon 3* a menudo liberan códigos promocionales que te dan dinero o diamantes gratis. Búscalos para tener ventajas y beneficios.

▶ **Expándete:** cuando te quedes sin espacio, no olvides que puedes comprar Game Passes especiales para construir pisos superiores. Más pisos significan más clientes y, por ende, más dinero.

3.5 CABIN CREW SIMULATOR

¡Vive la Aventura de Volar!

Cabin Crew Simulator te pone al mando de tu propia aventura aérea. El objetivo principal es crear tu propia aerolínea, desde el logo y los colores del avión, hasta la comida que sirves. Pero la acción real es el vuelo: puedes ser piloto o auxiliar de vuelo. Pero no creas que todo serán vuelos aburridos. Quién sabe cuándo puede haber emergencias épicas como incendios o aterrizajes forzosos.

TU TRABAJO A BORDO

El juego se centra en el servicio y la seguridad durante los vuelos a diferentes destinos del mapa:

- ▶ **Auxiliar de vuelo:** tu misión es la atención al cliente. Sirves comidas, bebidas, vendes productos extra a los pasajeros y te aseguras de que todos los cinturones de seguridad estén abrochados. En una emergencia, eres el encargado de guiar a los pasajeros a un lugar seguro. Si has viajado en avión, el personal que hace posible tener un buen vuelo.

- ▶ **Piloto:** eres el jefe detrás de la cabina. Tomas el control del avión, de forma muy curiosa, ajustas la velocidad, la altura y te encargas de la seguridad del aterrizaje. Los pilotos ganan mucho más dinero, pero tienen la responsabilidad de todo el vuelo.

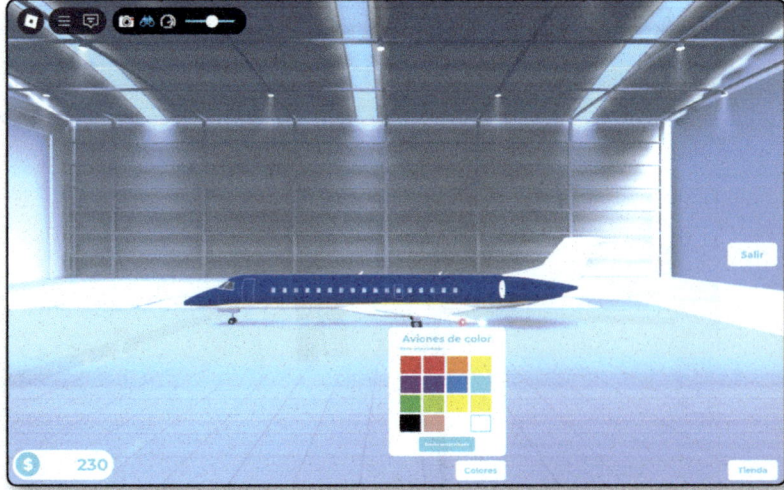

CONSEJOS

▶ **Destaca con tu aerolínea:** usa el dinero que ganas para personalizar tus aviones. Puedes elegir el tipo de comida, el color exterior del avión y todo el interior. Un mejor servicio significa más clientes y más dinero a largo plazo.

▶ **Misiones más peligrosas = Dinero más rápido:** además de los vuelos normales, el juego te lanza misiones emocionantes (como apagar un fuego en el motor o hacer un aterrizaje de emergencia). Completar estas misiones, aunque son peligrosas, te da grandes cantidades dinero.

▶ **Códigos de regalo:** al igual que con *Restaurant Tycoon 3*, este juego suele tener códigos que te dan dinero extra para empezar a invertir en tu aerolínea. ¡Busca los códigos actualizados para no perderte las recompensas!

Si recuerda a Ryanair el juego…

¿Qué tal estos juegos?

Si descubres más, apúntalos.

_____

_____

_____

_____

_____

_____

_____

_____

4

HAGAMOS UN POQUITO DE DEPORTE

¡Es hora de jugar! ¿Serás el nuevo bicho?

Roblox no solo tiene trabajos y casas, también hay tiempo para practicar nuestros deportes favoritos. Si te gusta competir, estos son los juegos deportivos más grandes y divertidos.

[🎃] Rivales de raqueta

👍 95% 👥 16,5 mil

[UPD] Leyendas de Voleibol

👍 96% 👥 104 mil

[🏆FIFA] ¡Super Liga de Fútbol!

👍 81% 👥 10,8 mil

Superestrella de Béisbol

👍 93% 👥 1,9 mil

Juegos Mundiales: Atenas

🏀 Estrellas de básquetbol 3

[2X] Liga de Natación

[2X]🏒 Leyendas de hockey🏒

4.1 STREET SOCCER (FÚTBOL DE CALLE REALISTA)

Aquí, serás la estrella. El Lamine Yamal de Roblox.

Si buscas la experiencia de fútbol más fluida y cercana a la realidad en Roblox, una de las opciones es Ultimate Football. Este juego se centra en la física del balón y la habilidad individual. El objetivo es simple: jugar partidos de 5 vs 5 o 7 vs 7, marcar goles y subir de rango para desbloquear mejores habilidades.

Ídolos y más

▶ **Juega como tu ídolo:** muchos jugadores personalizan sus avatares y habilidades para imitar a sus estrellas favoritas. Verás jugadores llamados Bufon, Messi, CR7... Y también encontrarás algún Colsa, seguro. La clave es que busques tu propio estilo.

▶ **Habilidad clave:** el regate, no basta solo con correr. Practica los regates especiales para esquivar a los defensas. Si eres bueno regateando, podrás crear oportunidades de gol tú solo. Y eso, a la larga, desembocará en mejoras.

▶ **Comunicaciones:** este juego es famoso por usar el chat de voz. Para tener éxito, tienes que comunicarte con tu equipo: "Pásala, estoy solo", "Cuidado, está solo". El trabajo en equipo lo es todo.

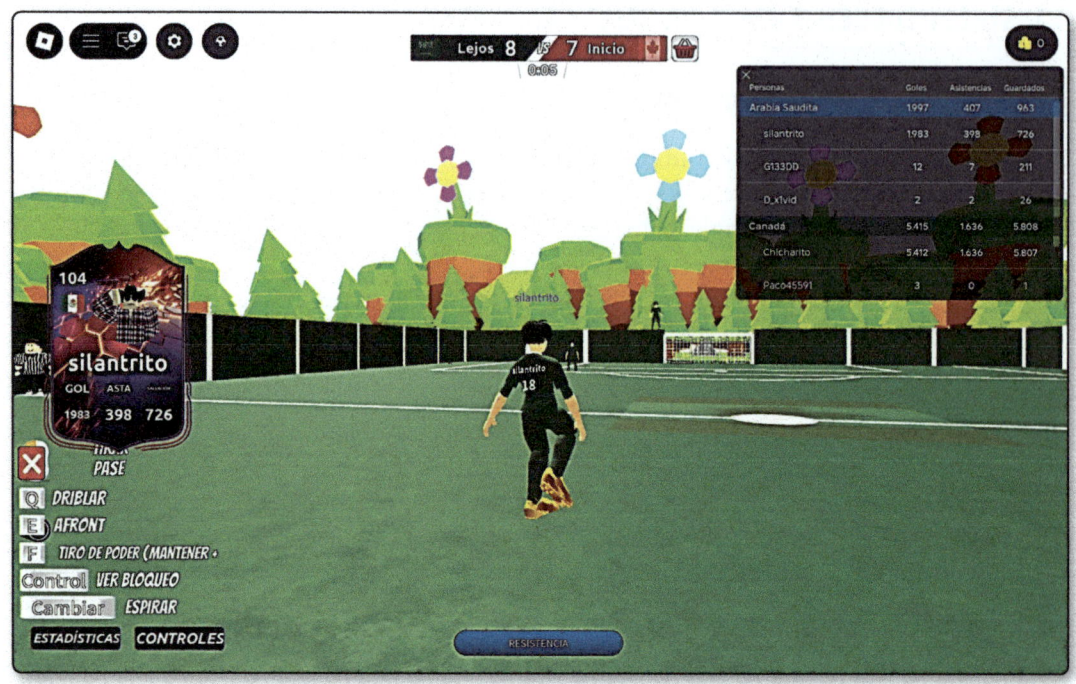

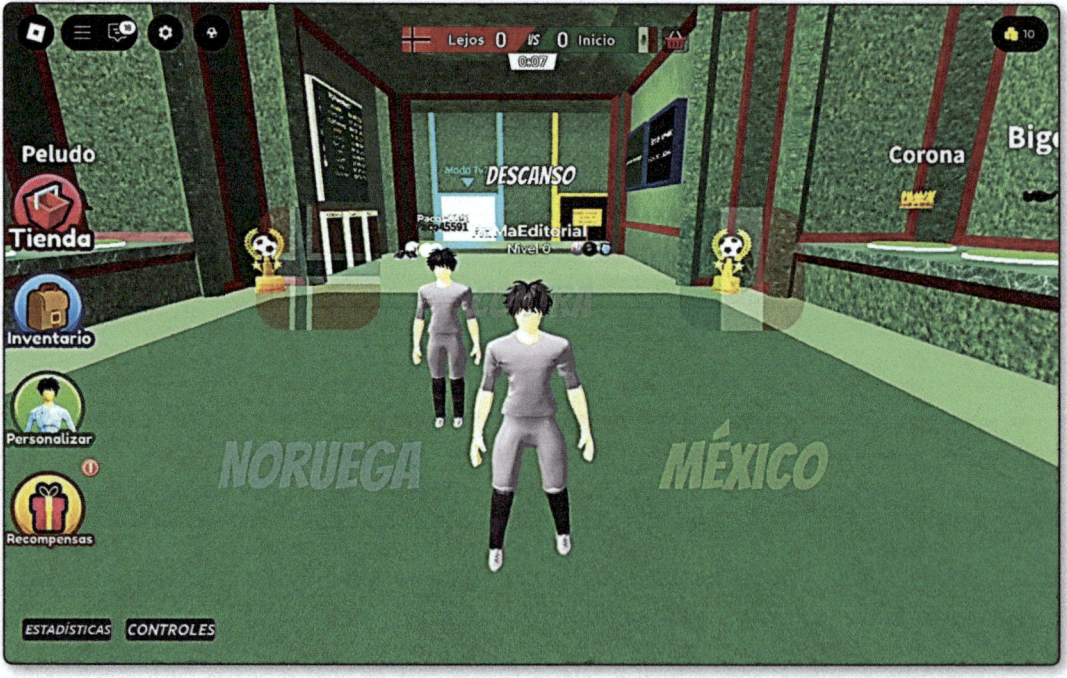

4.2 UNIVERSE FOOTBALL (FÚTBOL DEL UNIVERSO DE LA NFL)

Ponte las protecciones y el casco, que te toca correr.

Si lo que te gusta es el fútbol americano, este es tu juego. Lo divertido es que no es un simple partido; es una simulación de carrera donde creas a tu jugador, lo equipas con cascos y uniformes reales (o una recreación que simula bastante bien) y lo entrenas para dominar la liga. El objetivo es subir de nivel, conseguir el mejor equipo y ganar partidos contra otros jugadores. Fácil, ¿no?

¿Qué estrategia adoptar?

En el fútbol americano, el trabajo en equipo es crucial. La clave es elegir y dominar una posición:

▶ **Quarterback:** el líder ofensivo. Dominar los pases y las decisiones estratégicas es esencial. Eres el que inicia casi todas las jugadas, el cerebro del equipo.

▶ **Receptor:** el jugador más rápido. Tu meta es correr para desmarcarte y atrapar pases del Quarterback, llevando el balón a la zona de anotación.

▶ **Defensa:** eres el muro. Y aquí es al revés. Debes hacer todo lo que puedas para que el equipo contrario no avance y anote.

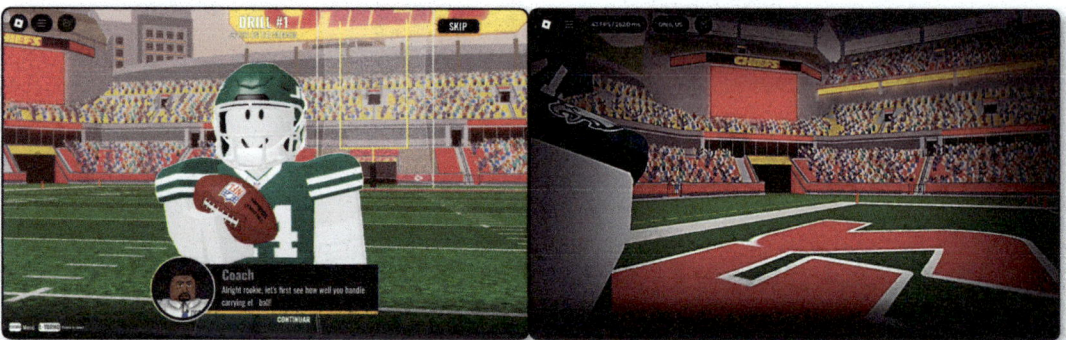

CONSEJOS

▶ **Invierte en estadísticas:** este es un juego de progresión, como un RPG. Si no sabes qué significa esto, tranquilo porque hay un capítulo dedicado a RPG. En resumen, tienes que vivir y simular la vida del jugador. Gana experiencia y dinero en los partidos para mejorar permanentemente las estadísticas de tu jugador. Unas estadísticas altas te dan una ventaja enorme.

▼ **El *timing* de pase:** si eres el Quarterback, el éxito depende del momento exacto en que lanzas el balón. Practica el *timing* de tus pases para que tu receptor pueda atraparlo sin que el defensa lo intercepte. Un pase perfecto es casi imparable.

▼ **Los *códigos* oficiales:** al ser un juego oficial, busca siempre los códigos promocionales que suelen lanzar por la temporada de la NFL o eventos especiales. Estos te pueden dar monedas o artículos especiales. Y, como en todo Roblox, de forma limitada en el tiempo.

4.3 BASKETBALL ZERO (BALONCESTO: CERO)

La NBA necesita jugadores…

Basketball Zero es uno de los simuladores de baloncesto más popular que rompe las reglas de la física. Está directamente inspirado en el famoso anime *Kuroko no Basuke*. El juego nos lleva en todo momento a la pista, permitiendo a los jugadores disputar partidas 5 vs 5, y a veces 3 vs 3, de forma muy rápida y divertida. Aquí, no basta con ser un buen tirador; necesitas dominar las habilidades únicas de tu personaje.

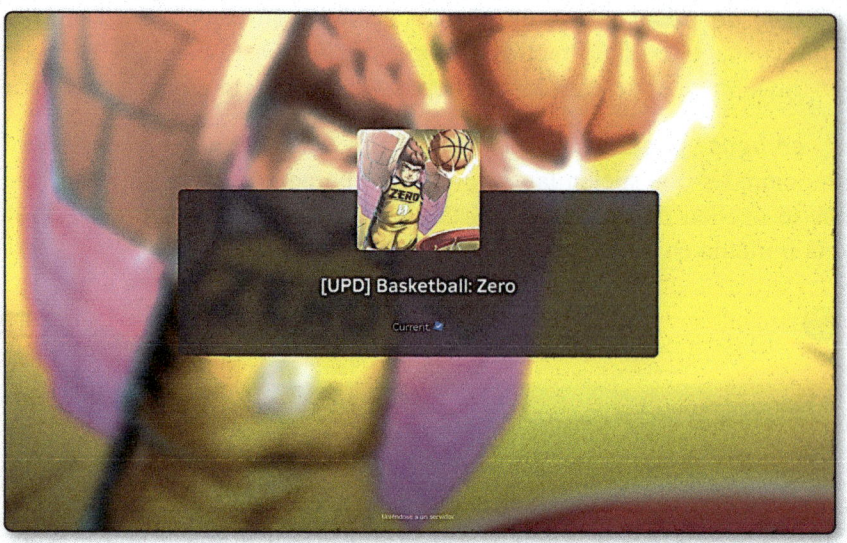

DOMINA LA CANCHA

▸ **El objetivo es sencillo:** ganar el partido. Pero la estrategia se complica porque cada jugador tiene habilidades especiales que pueden cambiar el curso del juego. Hay que contar con ello, por lo que piensa que todo lo que puedes hacer, lo puede hacer otro. Y mejor.

▸ **Tu habilidad:** los personajes tienen talentos únicos, lo que obliga a los equipos a jugar con estrategia. Podrías tener un jugador especializado en pases invisibles u otro con hipersalto. Elige bien a tu jugador.

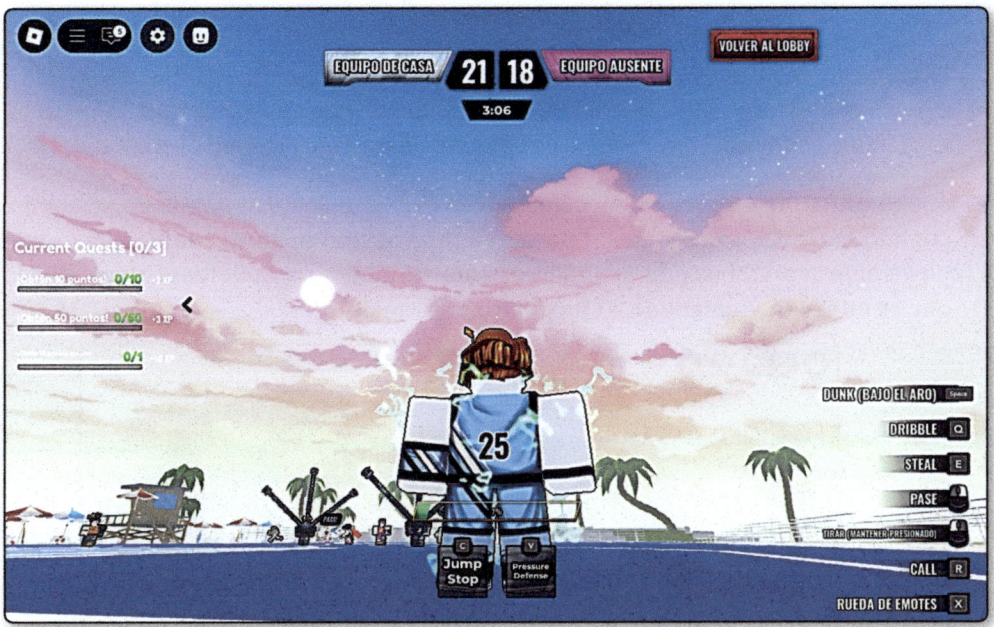

▶ **Partidas rápidas y locas:** el juego es conocido por ser arcade, rápido y divertido. Esto lo hace ideal para jugar con amigos y tener muchas revanchas en poco tiempo. Un buen juego para estar siempre a los mandos. Aunque también dedica algo de tiempo en mejorar al personaje.

▶ **Modos de juego:** aunque el clásico es 5 vs 5, el juego suele incorporar un modo 3 vs 3, lo que intensifica la acción y hace las partidas aún más interesantes.

CONSEJOS

▶ **Domina tu habilidad única:** no intentes hacer todo y perfecto. Céntrate en dominar el *timing* y el uso de la habilidad especial de tu personaje. Si tu personaje es un especialista en pases, sé el mejor pasando el balón antes de que el rival reaccione.

▶ **Juega al estilo anime:** las mecánicas suaves y la física real del juego se combinan con movimientos exagerados. Usa esto a tu favor; no juegues como en la vida real, juega agresivo y abusa de tus poderes para sorprender a la defensa rival. Recuerda que es un juego y un anime. ¿Qué podría salir mal?

▶ **Coordina el equipo:** si juegas con amigos, la clave es combinar las habilidades. Por ejemplo, un jugador con velocidad y regate rompe la defensa, y luego pasa a un jugador con una habilidad de tiro imparable.

Y recuerda, algo que ya te hemos dicho que deberías investigar en todos los juegos de Roblox, aprovecharte de todas las promociones, eventos e incluso ruletas de regalo.

4.4 ¡SUPER GOLF!

No es solo meterla… ¡Es una carrera contra el tiempo!

Si has jugado al minigolf alguna vez, Super Golf toma su esencia y lo combina con una jugabilidad rápida y social, propia de Roblox. ¿Cuál es tu objetivo? Ser el primer jugador en meter la bola en el hoyo con la menor cantidad de golpes posible. Lo que lo hace original son sus mapas únicos, que incluyen obstáculos locos, rampas, trampolines y portales que nunca verías en un campo de golf real.

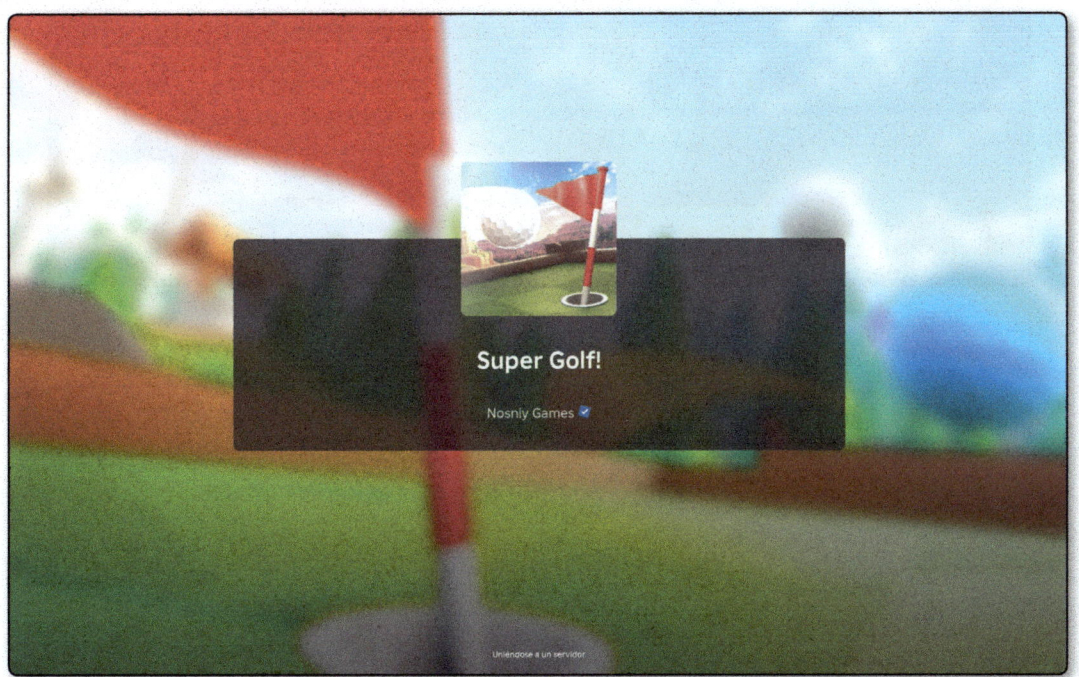

EL JUEGO

Podemos definirlo como una mezcla de precisión y competición en tiempo real. Todos los jugadores golpean sus bolas al mismo tiempo. Aquí no hay turno ni esperas. En cuanto tengas la ocasión, deberías decidir con rapidez tu golpe.

▶ **La mecánica de tiro:** la clave está en ajustar la potencia y el ángulo de tu golpe. Si golpeas demasiado fuerte en un ángulo incorrecto, puedes terminar fuera del mapa o en una trampa de agua, lo que añade un golpe de penalización. Y si caes o fallas, perderás tiempo muy valioso que influirá en tu clasificación.

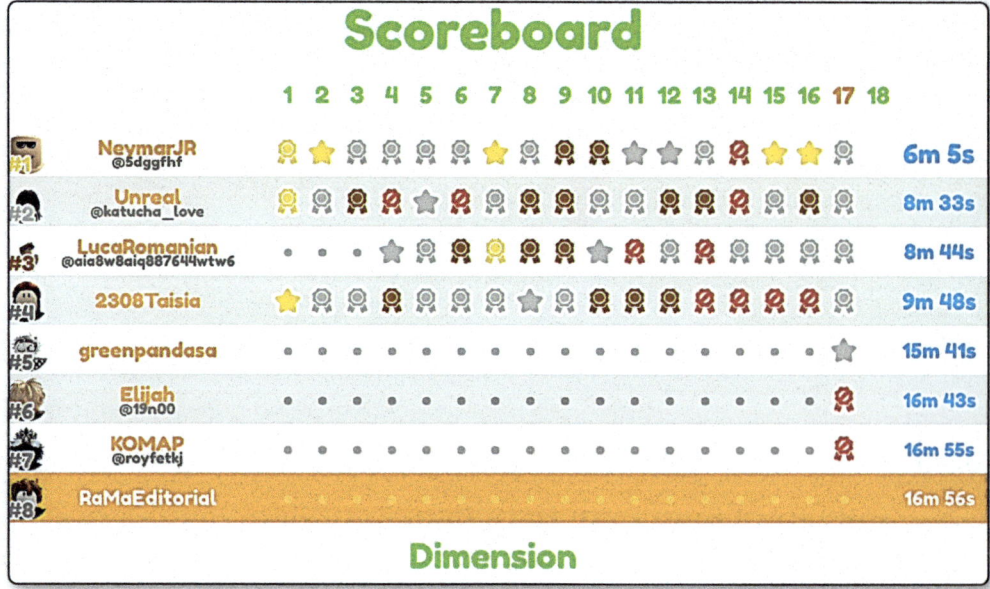

▸ **Monedas y personalización:** al ganar partidas y conseguir puntajes bajos, ganas dinero para comprar nuevos y divertidos sombreros, accesorios y rastros de bola, personalizando así tu avatar.

▸ **Rebota, rebota:** los mapas están diseñados con bloques y paredes que puedes usar a tu favor. No es lanzar la bola sin más, ha de existir una estrategia. Saber dónde rebotar la bola para evitar un obstáculo peligroso es esencial para ganar.

CONSEJOS

▶ **Observación rápida:** al iniciar un juego, dedica unos segundos para ver el mapa. No te apresures a golpear. Respira y planifica la ruta más corta y segura. Recuerda, la meta no es solo llegar, sino usar la menor cantidad de golpes.

▶ **Suavecito:** en las cercanías del hoyo, reduce drásticamente la potencia de tu tiro. Un golpe suave es mucho más fácil de controlar y te asegura que no pasarás de largo ni terminarás del lado opuesto del hoyo.

▼ **Usa los atajos:** los mapas suelen tener atajos ocultos o saltos complicados. Si te estás quedando atrás, arriésgate por la ruta más corta. Si funciona, puedes superar a los jugadores que han jugado a lo seguro. No siempre funciona, pero en casos urgentes…

▼ **Perspectiva:** en los mapas con muchas elevaciones o pendientes, ajusta la cámara para ver la línea de tiro desde un ángulo lateral o superior. Esto mejora tu precisión y te ayuda a calcular mejor la fuerza necesaria para subir una rampa.

Indaga el menú ya que existe la opción de personalizar mapas, modos de juegos y casi todas las opciones requeridas para montar la mejor partida de Super Golf que exista en todo Roblox.

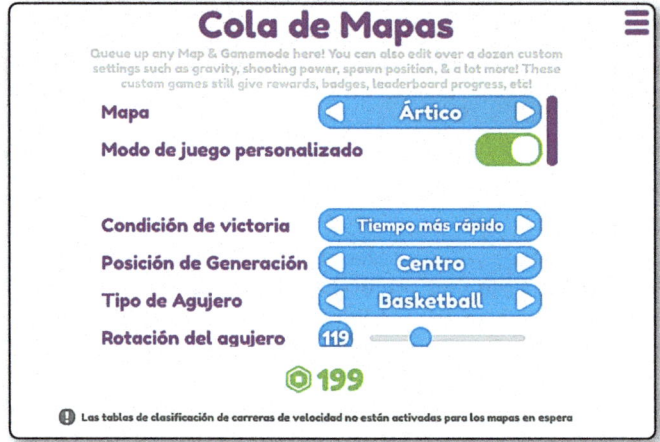

¿Qué deportes has practicado?

Escribe aquí tus juegos de deporte favoritos.

5

¿SOBREVIVIRÁS?

Hora de cambiar al género de la supervivencia.

El género de supervivencia en Roblox pone a prueba tu ingenio, tu paciencia y tu capacidad para trabajar en equipo... O para traicionar, eso ya lo decidirás. Desde enfrentarte a desastres naturales hasta sobrevivir en un mundo zombi, vamos con una selección de juegos.

El Juego de Supervivencia
👤 81% 👥 1,7 mil

Supervivencia de desastres naturales
👤 90% 👥 7,3 mil

[Kraken y jardinero] Sobrevive en una balsa
👤 71% 👥 4,5 mil

El Apocalipsis
👤 89% 👥 1,2 mil

[💖🔫] Sobrevive a la Noche en una Mega Tie...
👤 94% 👥 5,7 mil

[🛟] ¡Construye un Búnker!
👤 94% 👥 6,8 mil

Sobrevive 100 días en una ciudad abandonada [RE...
👤 44% 👥 70

Sobrevive 100 días en una isla desierta
👤 92% 👥 43

[🎃] 99 Noches en el Bosque 🔪
👤 90% 👥 1,8 M

Supervivencia Tridente
👤 73% 👥 922

5.1 99-NIGHTS AT THE FOREST (99 NOCHES EN EL BOSQUE)

La noche alberga horrores…

Uno de los juegos más jugados y conocidos de todo Roblox. Una aventura que no te dejará indiferente y en la que tendrás que usar todo tu ingenio para seguir con vida.

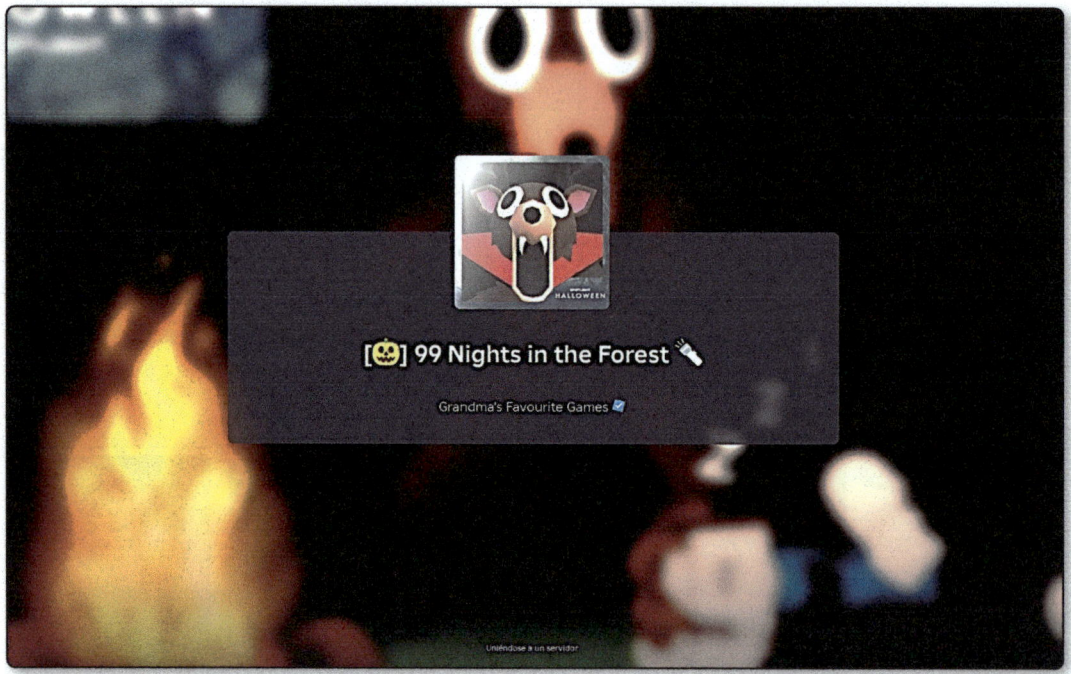

Básicamente, el objetivo es sobrevivir 99 noches en un bosque oscuro, manteniendo la hoguera encendida para que no vengan los monstruos… 99 Nights in the Forest es una experiencia de terror y supervivencia donde la luz no es un lujo, sino tu única defensa. La amenaza principal es el ciervo monstruoso, una criatura que te acecha incansablemente en la oscuridad.

El juego se desarrolla en ciclos de día y noche, muy parecido al sistema de Minecraft, por lo que puede ayudarte.

▶ **Día:** es el tiempo para recolectar y dejar todo perfecto. Debes salir al bosque, recolectar todo lo que puedas: leña, comida y lo que encuentres antes de que caiga la noche. También es cuando puedes construir tu base y rescatar niños desaparecidos.

▸ **Noche:** es el tiempo de la defensa. Y con el único objetivo (casi) de mantener que la hoguera siga encendida para mantener el fuego vivo. La luz de esta fogata es lo único que mantiene a los monstruos algo alejados…

MECÁNICAS BÁSICAS

1. La fogata

▸ **Leñazo:** la leña se quema rápidamente. Debes asegurarte de tener un suministro constante. Un truco esencial es construir almacenes para guardar la leña y protegerla de la lluvia y así no se moje.

▸ **Curación:** permanecer cerca o dentro del área de la fogata regenera tu vida más rápido, crucial después de una disputa con algún monstruo.

2. Crafteo

▸ **Guisos:** a medida que mejoras tu mesa de crafteo, puedes hacer un guiso que quita el hambre al instante, una herramienta de supervivencia vital que puedes llevar en el inventario.

▸ **Herramientas útiles:** *craftear* una brújula es fundamental para localizar a los niños desaparecidos, los cuales, una vez rescatados, aceleran el paso de las noches.

3. El combate

▸ **Luz como arma:** el ciervo monstruoso y otras amenazas temen a todas las fuentes de luz. Usa faroles y antorchas para explorar con un margen de seguridad, aunque su luz se agota rápidamente, obligándote a elaborar una estrategia.

> · Sobrevivir a 99 noches
>
> · Encontrando lo que falta
> Los niños ayudarán.

▸ **Enemigos secundarios:** los cultistas aparecen en las noches y suelen ser para luchar contra ellos. O escapar. Un truco conocido es subirte a sus cabezas o atacarlos con el hacha para derrotarlos sin sufrir daño.

▸ **Clases:** elegir una clase puede facilitar drásticamente tu supervivencia y *farmeo*.

ESTRATEGIA

La clave para "ganar" el juego y alcanzar el día 99 es la colaboración y la especialización dentro de tu grupo. Si todos colaboran, se podrán pasar las 99 noches. Para ello, en tu grupo debería haber:

▸ **Recolector principal:** se centra en buscar leña y materiales de construcción.

▸ **Cazador/explorador:** usa la brújula para encontrar a los niños y regresa al campamento para luchar contra los cultistas.

▸ **Cocinero:** se queda cerca de la fogata, crafteando medicinas, cocinando guisos y vigilando el nivel de fuego.

5.2 NATURAL DISASTER SURVIVAL (SUPERVIVENCIA DE DESASTRES NATURALES)

¿Estás preparado para sobrevivir a una pandemia? ¿Y a un tsunami? A lo mejor, una lluvia de meteoritos te vale.

Uno de los descubrimientos de muchos jugadores. Esperar a ver qué desastre natural te toca sobrevivir. Un argumento tan interesante como divertido. Lo bueno es que es rápido y solo tendrás que enfrentarte a ti mismo. Y a las demás personas que quieren sobrevivir. Bueno, y también al desastre natural que te toque. Casi todo el mundo busca las alturas al inicio del juego, pensando que una inundación o la lava arrasando toda la ciudad serían las elegidas, pero nunca sabrás el lugar en el que estarás mejor.

¿Preparado? A sobrevivir.

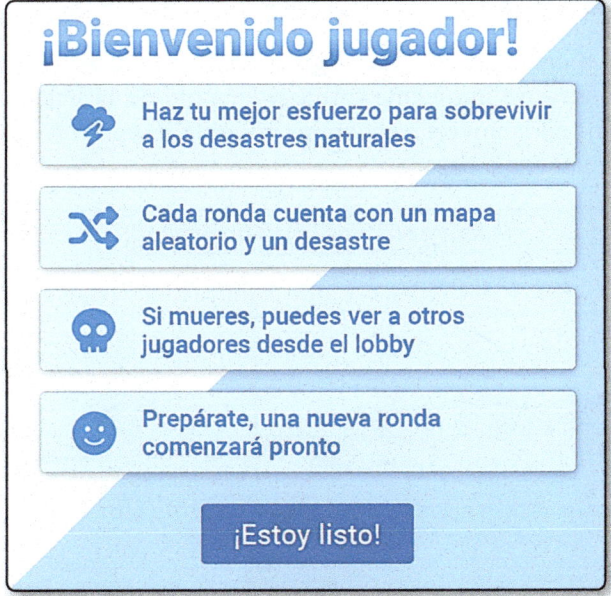

Natural Disaster Survival se define por ser una experiencia de supervivencia rápida, impredecible y basada en rondas. El objetivo es simple pero muy interesante: sobrevivir a una serie de desastres naturales aleatorios que asolan un mapa distinto en cada ronda. Aquí no hay tiempo para nada de conseguir recursos ni materiales: la supervivencia depende de tu velocidad de reacción, tu conocimiento del mapa y tu capacidad para mantener la calma bajo presión.

El juego te lanza a una de las muchas islas o escenarios disponibles. Una sirena suena, una voz anuncia el desastre inminente (mira el ejemplo de la imagen de abajo) y tienes apenas unos segundos para moverte, encontrar un refugio seguro y esperar que la física de Roblox no te juegue una mala pasada.

El Catálogo de la destrucción

Para sobrevivir de forma consistente, es vital conocer la naturaleza de cada amenaza, ya que la estrategia para un desastre es mortal para otro.

▶ **Tsunami / Inundación / Aumento del Nivel del Mar:** la regla de oro es buscar siempre el punto más alto del mapa. Subir a tejados, torres o la cima de cualquier estructura sólida. O no sólida. Que aguantes. Sin embargo, hay que evitar los grupos grandes de jugadores, pues el peso excesivo puede hacer que las estructuras puedan colapsarse y caer.

▶ **Terremoto:** aquí, lo fundamental es la distancia y la estabilidad. Los terremotos hacen que las estructuras colapsen y que los jugadores salgan volando. La mejor estrategia es alejarse de cualquier edificio y buscar un terreno abierto. Se recomienda no saltar y caminar con cuidado para no perder el equilibrio. Muchas veces, la tranquilidad y evitar hacer lo que todos hacen marcan la diferencia.

▶ **Lluvia ácida:** este desastre exige total concentración. La lluvia ácida daña a los jugadores que están al aire libre. Debes buscar refugio inmediato bajo un techo sólido, como una casa o un túnel. Las estructuras deben tener un techo completo que te aísle de las gotas.

▶ **Tornado:** el tornado es una fuerza de atracción. Debes mantener la máxima distancia posible de su trayectoria, buscando refugio en alguna estructura que veas segura. Pero ¡cuidado! Si quedas expuesto al viento te puede llevar. Y eso no es buena idea.

▶ **Lluvia de meteoritos / Erupción volcánica:** la amenaza viene del cielo. En ambos casos, el mapa se llena de escombros ardientes o rocas que caen al azar. La clave es el movimiento. Muchas veces, se salvan los que corren a lo loco. No te extrañe, es así. No te escondas en un edificio, ya que las estructuras pueden ser atravesadas o colapsar. Simplemente sigue caminando y evita las áreas de impacto.

ESTRATEGIAS

Para los jugadores que buscan dominar y controlar todos los desastres naturales, existen ciertas tácticas que van más allá de la simple reacción:

▶ **Conocimiento del mapa:** saber dónde está el punto más alto, el lugar más bajo y las estructuras más resistentes en cada mapa te da la ventaja de reaccionar más rápido que el resto del grupo. O no. Pero al menos has de intentarlo.

▶ **¿Un cohete?:** algunos mapas especiales contienen un cohete. Si bien es un truco más que una estrategia de supervivencia clásica se ha convertido en un desafío de todos los jugadores. Para lanzarlo, los jugadores deben coordinar la activación de múltiples botones ocultos en el mapa para desacoplarlo y encender los propulsores antes de que el desastre los alcance. ¿Algo fantástico? Puede. Pero merece la pena intentarlo.

▶ **Evitar las masas:** aunque es un juego multijugador, la supervivencia es individual. Evita aglomerarte con otros jugadores sobre estructuras pequeñas, ya que la física de Roblox puede hacer que el peso conjunto o los empujones accidentales causen el colapso del refugio o te arrojen al peligro.

Al final de cada desastre, podrás verte en la lista de sobrevivientes. Porque habrás sido capaz de aguantar el desastre, ¿verdad?

Sobrevivientes

RaMaEditorial	afk_bro9	dui1732
Rudedenny	Rr55thgygg	Aliciabonit44
Tianix567886	sharkwhale2007	Zweeky290
hola0ko_0	ALI_MAYU123	Pepaymaril
rope133443	alonsito9297	peloneta300817

Y tú, ¿dónde más has sobrevivido?

Anota cuales te han gustado más.

6

MI DULCE MASCOTA

También hay que dedicarles tiempo a nuestros animalitos.

Roblox no estaría completo sin el género que ha cautivado a millones de jugadores: el cuidado de animales. Un género que se viralizó en videoconsolas como la Nintendo 3DS y en dispositivos móviles (con otros títulos) pero que se ha consolidado. Aquí, el juego no se trata de disparar o construir, sino de la crianza, la colección y el intercambio con otra gente. Es un mundo tranquilo y amigable donde la moneda de cambio son las criaturas más adorables y raras que puedas incubar.

El objetivo central es simple, pero profundamente adictivo: obtener el huevo más raro, cuidar de tu criatura (tienes que darla de comer, que duerma bien…) y mejorar tu casa para crear el hogar perfecto para ti y tu colección.

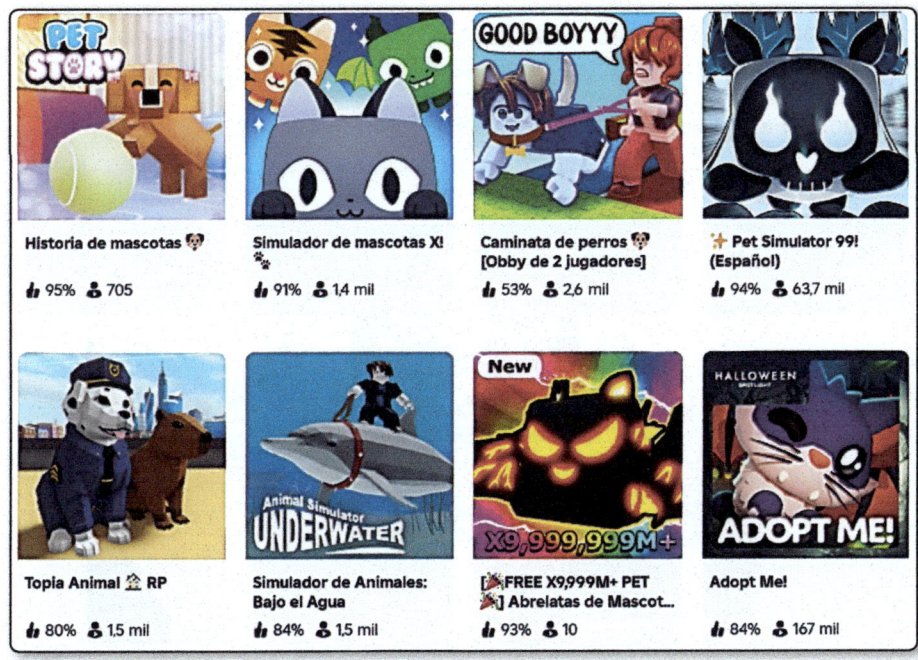

Historia de mascotas 🐾	Simulador de mascotas X! 🐾	Caminata de perros 🐾 [Obby de 2 jugadores]	✨ Pet Simulator 99! (Español)
👍 95% 👤 705	👍 91% 👤 1,4 mil	👍 53% 👤 2,6 mil	👍 94% 👤 63,7 mil
Topia Animal 🏙 RP	Simulador de Animales: Bajo el Agua	🥫FREE X9,999M+ PET 🥫] Abrelatas de Mascot...	Adopt Me!
👍 80% 👤 1,5 mil	👍 84% 👤 1,5 mil	👍 93% 👤 10	👍 84% 👤 167 mil

6.1 ADOPT ME!

El juego de mascotas más famoso lo tienes a un paso.

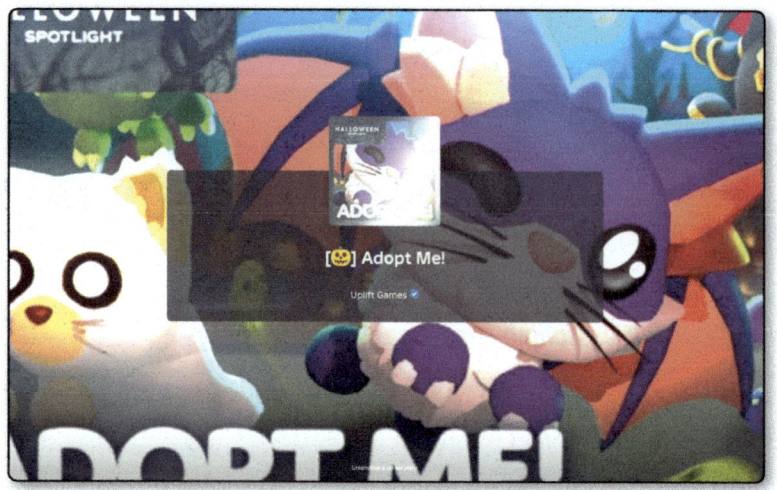

Adopt Me! no es solo un juego de mascotas; es un RPG que se ha convertido en una de las experiencias más grandes dentro de Roblox. El juego gira en torno al cuidado: un papá o mamá y su pequeño monstruito, al que deberá dar de comer, limpiar, vestir…

El comienzo

Todo jugador en *Adopt Me!* comienza su aventura con una misión fundamental: eclosionar un huevo de principiante. Tu primer huevo, tu primera mascota.

▶ **Obtención:** este huevo te es entregado de forma gratuita al inicio del juego.

▶ **La eclosión:** el huevo no eclosiona automáticamente. Para que nazca tu primera mascota, debes completar una serie de tareas para el huevo que aparecen en la parte superior de tu pantalla. Estas tareas simulan las necesidades básicas:

- **Hambre:** dale de comer.
- **Sed:** dale de beber.
- **Sueño:** llévalo a una cuna o a una cama.
- **Divertimento:** déjale que se divierta en la zona de juegos.

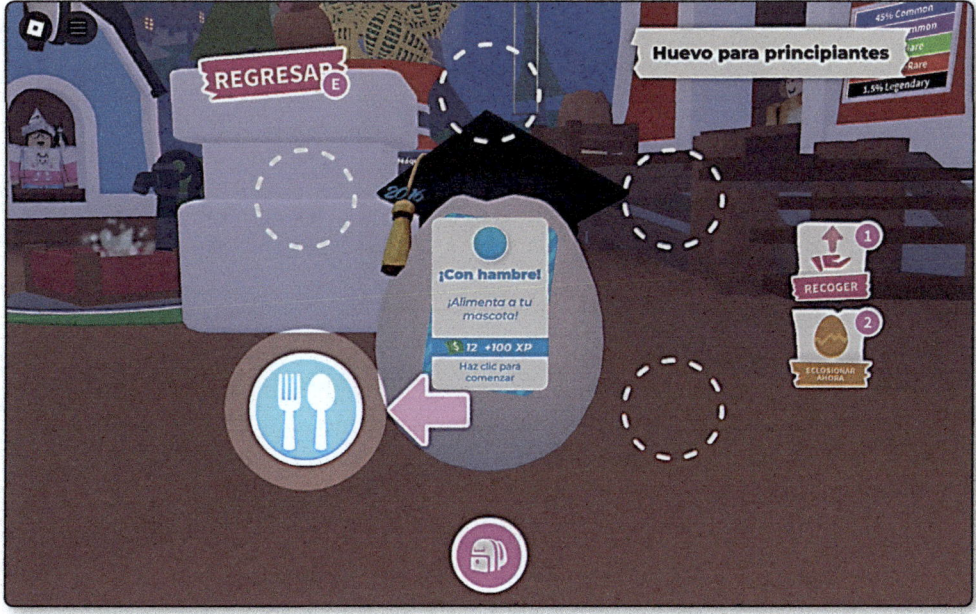

▶ **Resultado:** una vez que completes las tareas y la barra de progreso se llene, el huevo eclosionará. El huevo de principiante solo puede darte una de dos mascotas: o un gato o un perro, que son las criaturas más comunes de todo el juego. Pero serán las tuyas.

2. Personalización: ropa, avatar y hogar

El juego ofrece mucha libertad para tener tu propio estilo dentro del juego y también la de tu hogar. Combina tu estilo al de tus mascotas para ir a juego.

▶ **Cambio de ropa:** *Adopt Me!* tiene su propio editor de avatar gratuito que te permite cambiar tu apariencia (pelo, cara, ropa…) sin necesidad de gastar Robux o cambiar tu avatar en el menú principal de Roblox. Además, tus mascotas se convierten en una extensión de tu estilo, ya que puedes vestirlas con una gran variedad de accesorios y ropa que coleccionas o compras.

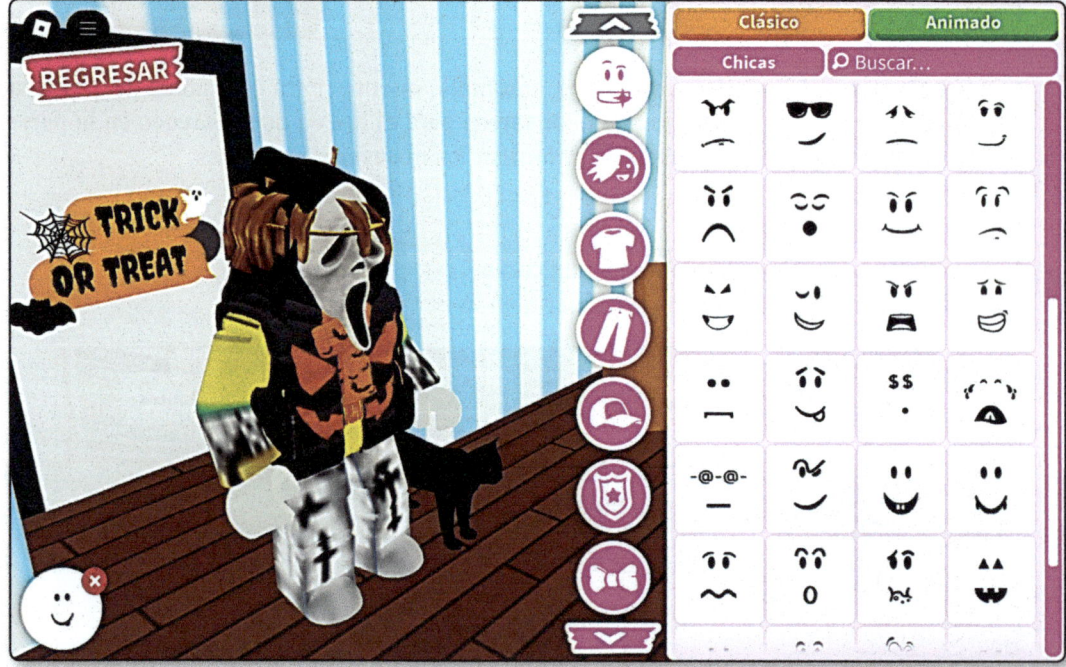

▶ **Construye y decora tu casa:** al inicio, se te asigna una casa básica que puedes mejorar y decorar a tu gusto con los *Bucks* (la moneda del juego). Piensa en lo más lógico y necesario y no decores porque sí. Elementos como camas, cunas, estanterías… son fundamentales. Sobre todo, al principio.

3. INTERACCIÓN Y MINIJUEGOS

Adopt Me! está lleno de lugares que fomentan la interacción social y las tareas para conseguir dinerito. Estos son algunos de los puntos clave:

▶ **El campamento:** un bosque donde puedes llevar a tu mascota para que complete las tareas de acampada o de relajación. En este punto, puedes encontrar a muchos jugadores.

▶ **Minijuegos para conseguir dinero:** gana Bucks participando en minijuegos y desafíos repartidos por el mapa.

▶ **El centro de intercambio:** este es el lugar más importante y peligroso. Es el mercado donde los jugadores se reúnen para intercambiar sus mascotas, vehículos y artículos raros. Pero recuerda la ciberseguridad y estar atento para que no te roben tu cuenta.

Queremos saber qué mascotas has adoptado.

Escribe qué juegos y animales te han gustado más.

7

ITALIAN BRAINROTS

Tun tun tun… Sahur!!!

Lo que está claro es que los Italian Brainrots son un fenómeno viral y adictivo: juegos o interacciones extremadamente simples, repetitivas y, a menudo, basados en el humor absurdo de los *memes* de IA de las redes sociales.

Los juegos en Roblox son muy demandados por su alta popularidad. Los jugadores se sienten atraídos por entornos caóticos donde pueden encarnar a personajes como Tun Tun Tun Sahur o Bombardino Crocodilo. Algo que puede ser no muy llamativo para los usuarios expertos, pero que en niños es toda una locura. Eso sí, no pretendas que los juegos sean una oda a una experiencia de trama, narrativa y gráficos. Son más sencillos, algo que es positivo para jugar en cualquier momento.

7.1 ROBA UN BRAINROT

Pasarela llena y llena de los Italian Brainrots

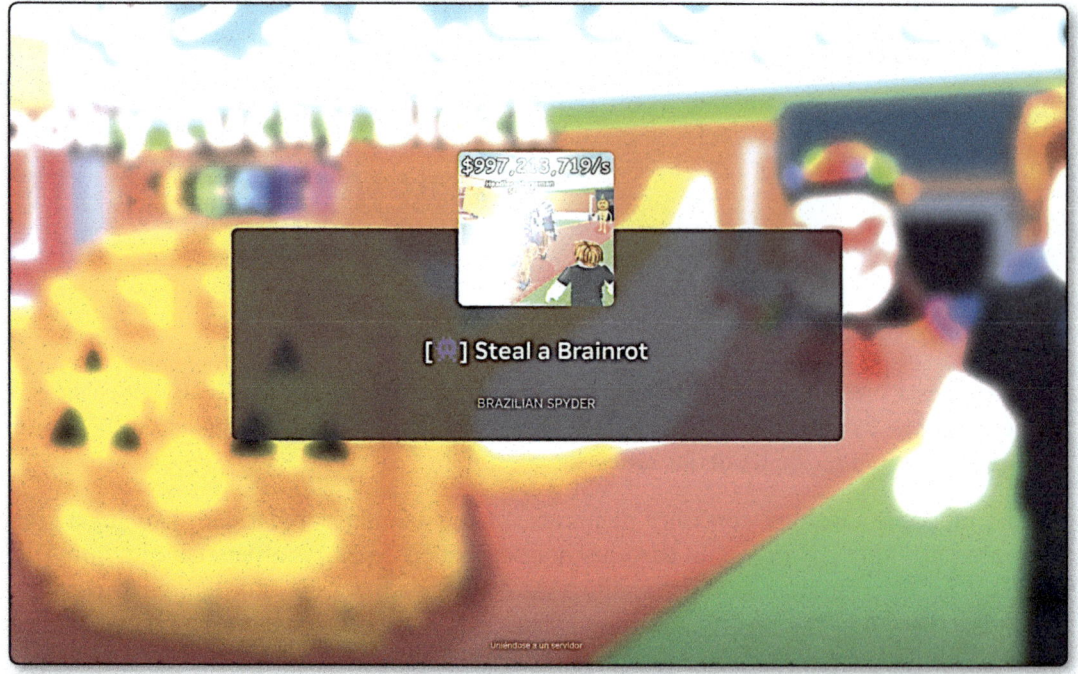

Este juego combina a los personajes famosos de los que hablamos con la rapidez y jugabilidad de Roblox. El objetivo es acumular, robando, para acumular bienes y riqueza.

La velocidad es clave ya que hay que desbloquear los generadores y multiplicadores de dinero. Eso sí, tus "amigos", los que están jugando también, no te lo pondrán fácil y más de una vez te darán golpes o te atacarán. Muy majos.

Si bien es verdad que comienzas un poco perdido, rápidamente te metes y comienzas a crear tu clan. O como quieras llamarlo. Hay Brainrots fáciles de conseguir y baratos y otros más complicados.

Correr, dinero e interactuar con los Italian Brainrots que van pasando por la pasarela. Veamos los puntos clave:

▸ **El robo:** los personajes 'Brainrot' suelen ser la fuente principal de las monedas del juego. Al interactuar con ellos, el jugador recibe una cantidad de dinero o experiencia. Eso sí, hazlo antes que lo hagan los demás, si no se te adelantarán.

▸ **El dinero:** la velocidad a la que ganas dinero es lo más importante (como indica el contador masivo en pantalla). Este dinero se usa para:

▸ **Mejorar la velocidad de robo:** aumentar la frecuencia con la que puedes robar a un Brainrot.

▸ **Nuevos objetos y mascotas:** puedes desbloquear mascotas o potenciadores secretos que multiplican el dinero que ganas por segundo.

CONSEJOS

▸ **Prioridades:** aquí, el objetivo no es cuántos Brainrots robas, sino el multiplicador. Con tus primeras monedas, obtendrás tu primer multiplicador o potenciador de dinero. Poco a poco, y cuantas más tengas, más rápido conseguirás dinero.

▸ **¿Ese es…?:** Dentor del mapa, hay muchísimos Brainrots. Los más rápidos o los que se encuentran en áreas más difíciles, dan más dinero y objetos raros. Ve a las zonas secretas.

▶ **Aprovecha los eventos:** como en todos los juegos de Roblox, aprovecha los eventos y campañas para obtener accesorios o mascotas aún más inusuales.

7.2 PLANTAS VS RAINBOTS TOWER DEFENSE

¡Que empiece la fiesta! Y, además, en tu jardín.

Si te pones a contar los juegos que hay de Plantas vs…, la lista sería interminable. Miles de opciones, pero nos centramos en la que se refiere a nuestros Brainrots. Aunque aquí, tendremos que defender nuestro jardín de ellos.

Juego basado en el famoso juego Plantas vs Zombis, que tuvo un éxito arrollador y se convirtió casi en juego de culto. Pero en este juego no nos enfrentaremos a los zombis… ¡Si no a los Italian Brainrots!

Nuestro objetivo principal es elaborar una defensa inexpugnable poniendo nuestras plantas de forma estratégica para evitar que nuestros queridos Brainrots lleguen a nuestra base.

Si no lo consigues, pasa esto. Además de la estrategia, la cual deberemos establecer y pensar antes de actuar, tendremos que estar preparados para ciertos momentos de humor. Por ejemplo, cuando vienen andando, haciendo su bailecito.

La mecánica

▸ **Recolección de soles (la moneda):** el sol es la moneda principal del juego y es esencial para todo. Puede caer como si nada o puede ser generado a través de plantas. Es crucial recolectar soles rápidamente para poder comprar más plantas y mejorar tu defensa.

▸ **Compra y colocación de plantas:** con los soles que recolectas, compras diferentes tipos de plantas. Cada planta tiene un costo y una habilidad única: algunas son defensivas y ralentizan a los enemigos, otras son de ataque y disparan proyectiles. Pero también hay otras que son generadoras de soles. La clave es colocarlas estratégicamente en las filas de tu jardín para maximizar su efectividad.

▸ **Oleadas de enemigos:** los "Brainrots" atacan en oleadas. Cada oleada es mayor y presenta tipos de memes enemigos más resistentes o con habilidades especiales, lo que te obliga a adaptar tu estrategia constantemente.

CONSEJOS

▸ **Prioridad:** al comienzo de cada partida, tu máxima prioridad debe ser colocar varias plantas generadoras de soles. Así, podrás comprar plantas más poderosas y cubrir tu defensa cuando el ataque se intensifique. No escatimes en ellas.

▸ **Plan de ataque:** no pongas todas tus plantas de daño en la primera fila. Crea una defensa escalonada:

▸ **Primera fila:** coloca plantas que ralenticen o resistan el primer impacto de nuestros queridos Brainrots.

▶ **Segunda o tercera fila:** detrás, coloca tus plantas de alto daño que puedan disparar de forma segura mientras los enemigos son ralentizados o bloqueados.

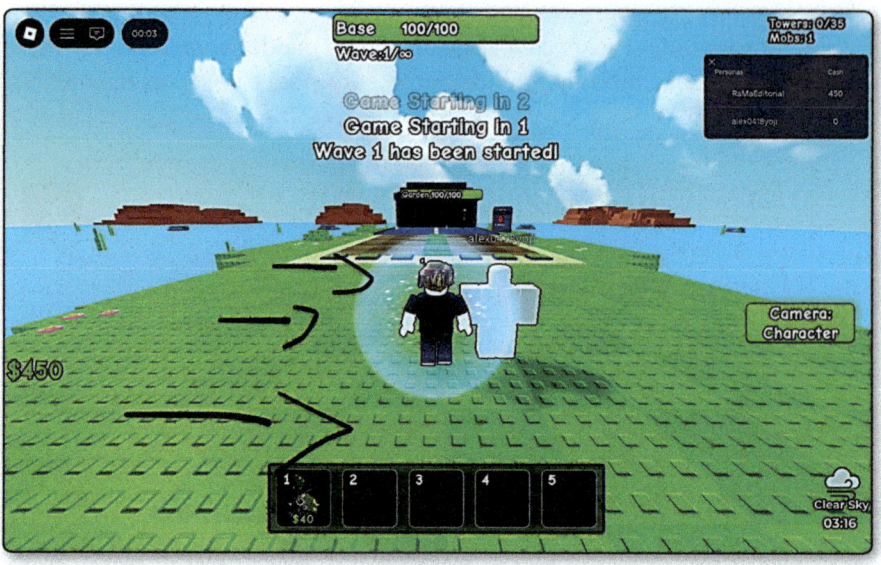

▶ **Las guardianas:** asegúrate de tener una línea de plantas defensivas muy resistentes cerca de tu base. Si los 'Brainrots' logran superar tus líneas de ataque, esta defensa te dará unos segundos preciosos para que el resto de tus plantas los eliminen antes de que lleguen a tu casa.

▶ **Conoce a tus 'Brainrots':** observa los patrones de ataque de los diferentes tipos de enemigos. Algunos son más rápidos y otros más resistentes. Adapta tu estrategia de plantas al tipo de enemigo que viene en cada oleada.

Más y más cada día, hay más juegos sobre nuestros Italian Brainrots. ¿Cuáles has descubierto?

Como te hemos comentado, hay miles, millones de opciones de juegos en Roblox. Aquí hay una mínima selección. Prueba a ver los aconsejados para ti o busca tú en la lupita.

Recomendadas para ti

[🔫HACKER] Hipershot
👍 Valoración 95%

🏴 Tycoon de balsa🌀
👍 Valoración 95%

Demostración de objetos de entrenamie...
👍 Valoración 95%

[TIGER TANK] Military Tycoon ®
👍 Valoración 91%

Parque Temático Tycoon 2
👍 Valoración 88%

[🛒Comerciante] Mi prisión
👍 Valoración 86%

Control de Europa
👍 Valoración 93%

[🏠]Construye un Zoológico
👍 Valoración 96%

Obby para recompensas gratis 🎁
👍 Valoración 77%

[🏋️] Simulador de estrellas de gimnasio
👍 Valoración 93%

Simulador de Supermercado
👍 Valoración 93%

Casa Tycoon 2
👍 Valoración 82%

Experiencias >

Jeep Super Off Road eXtreme 🚙👆
ⓘ Patrocinadas

[NUEVOS COCHES] Imperio de Conducción
👍 93% 👤 11,7 mil

Vehicle Legends [ESPAÑOL]
👍 94% 👤 6,7 mil

Coche Nitro
👍 88% 👤 1,5 mil

Piensa en lo que más te guste y, arriba a la izquierda, tienes la lupa que hace de buscador. Tú escribe todo lo que pienses: por ejemplo, Dragon Ball y Minions.

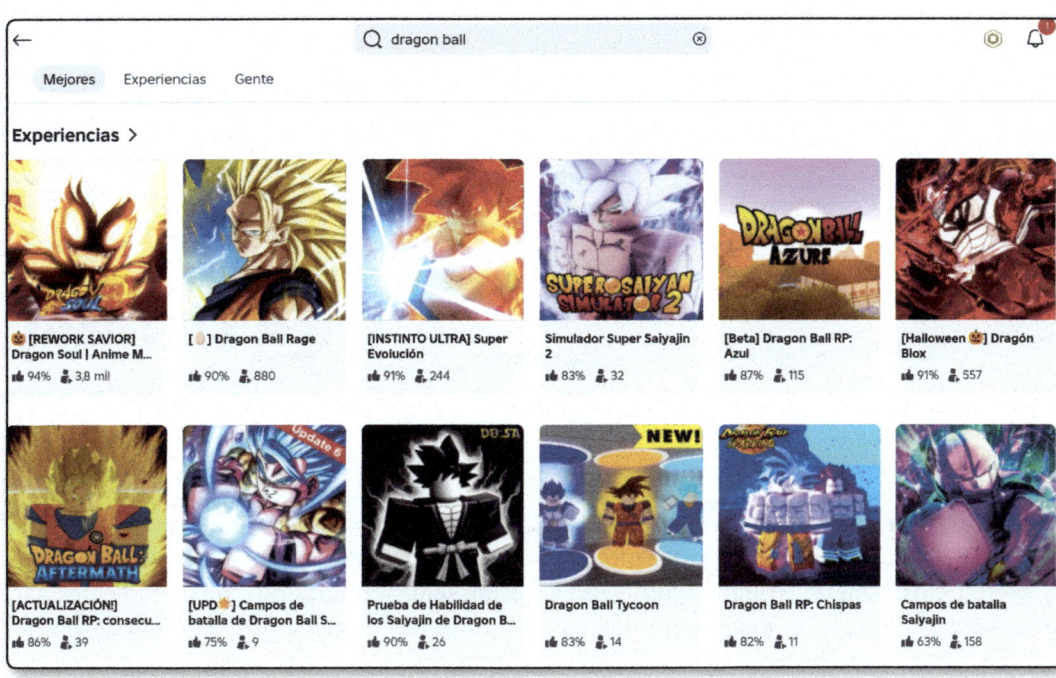

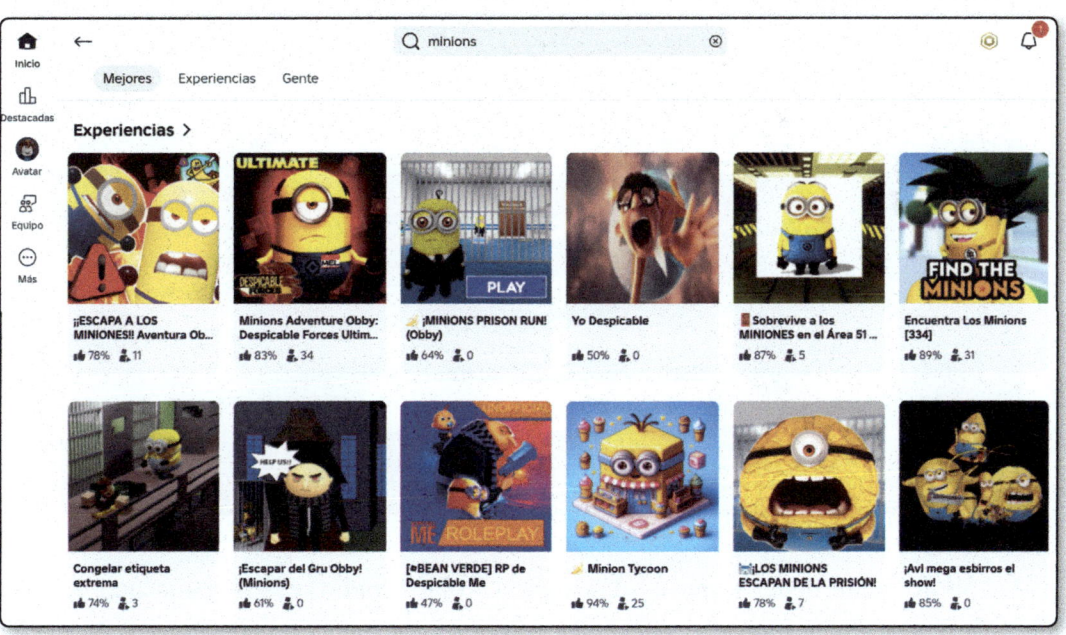

8

CREA TU JUEGO

Tu juego… ¿Tu propio juego?

Has explorado mundos de simulación, luchado contra Brainrots cuidado de mascotas, escapado de desastres... Ahora, es momento de pasar al otro lado de la pantalla: crear tu propia experiencia. Roblox Studio es la herramienta gratuita que te permite diseñar, programar y publicar tu juego para que lo vean millones de personas. Y quién sabe si el próximo juegazo de Roblox.

Lo primero que debes hacer es descargarte RobloxStudio, el programa que permite convertirte en todo un creador. A través de la propia aplicación de Roblox, en Más, está la opción de crear. Pincha y descargarte el instalador.

Tras el proceso de instalación, ya estarás listo. Familiarízate con el programa y haz el tour que te sugieren para aprender el funcionamiento.

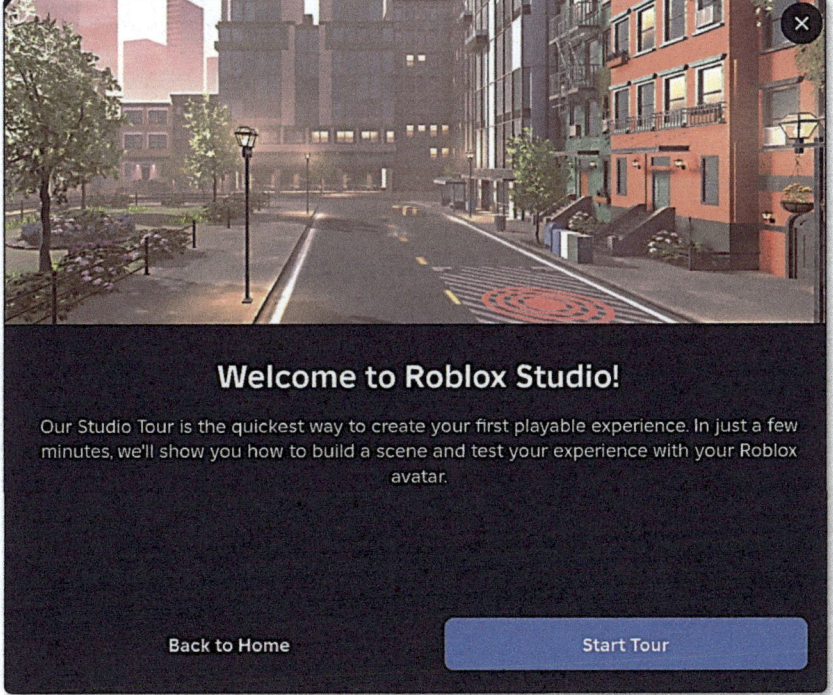

Roblox Studio es el *software* oficial de la plataforma. Es un entorno de desarrollo que utiliza un lenguaje de programación llamado Lua, aunque no necesitas ser un experto para empezar.

Antes de empezar, esto es simplemente una pequeña guía de las partes principales del programa. Si necesitas o quieres crear un mundo con mayores posibilidades, pide o mira los vídeos oficiales de Roblox. Y haz los tours.

Ahora, en el menú, vamos a crear una nueva experiencia.

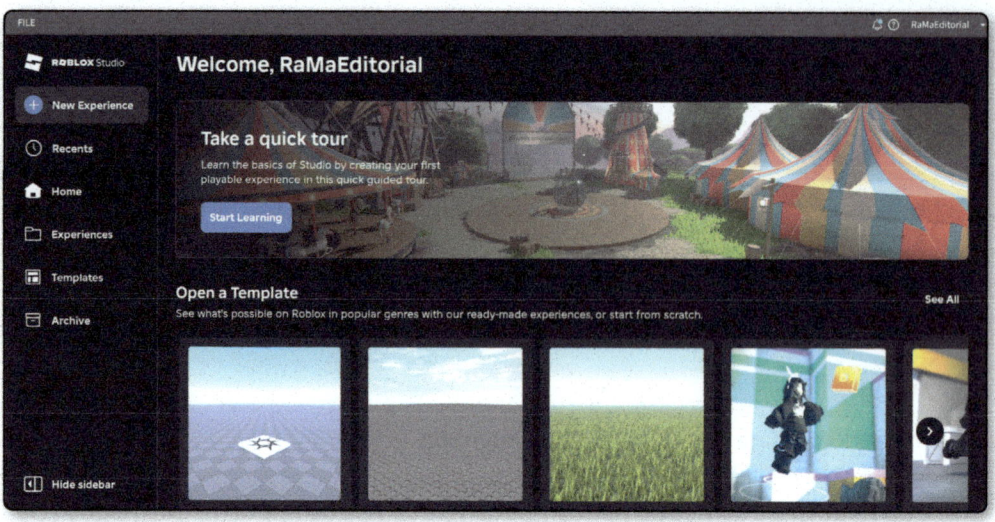

Antes de nada, hay que conocer tres elementos fundamentales:

▶ **Part:** el componente más básico. Un "Part" es un bloque, una esfera o cualquier forma geométrica que construyes, mueves y a la que das propiedades físicas.

Aquí, juega con las posibles formas (ladrillo, cilindro, bola…) y también con el color y el material.

Ahora estás en la pantalla Home. Hay miles de opciones disponibles para tu mundo. Indaga. Por ejemplo, ¿ves que hay una casilla para marcar si quieres o no colisiones?

Ya que estamos indagando en el panel de arriba, vamos a ver las opciones del Toolbox. Te va a encantar porque vas a poder añadir hasta varios helicópteros.

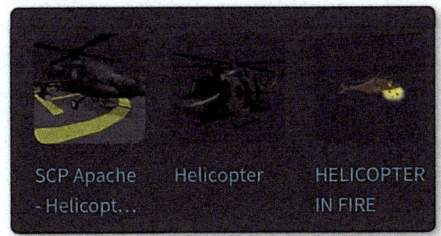 

Eso sí, según ves, hay muchas opciones que son de pago. Pero tranquilo. Con las gratis tienes de sobra para crear. Hablando de crear, si le das al Play, un poco más a la derecha, podrás ver tu mundo. ¿Irás bien?

▶ **El mundo (Workspace):** es el entorno 3D donde colocas tus objetos, terrenos, cielos… Tras ver un poco los diferentes objetos, es momento de ir añadiendo. Comienza por el suelo, ve añadiendo sobre ese suelo más opciones… Toca ser más creativo que nunca.

El código (Script): es lo que da vida a tus objetos. Decirle a un objeto qué hacer. Como esto es más complicado si no tienes experiencia en programación, hay una herramienta de IA dentro del programa que te permite crear todo lo que pienses. Con sus inconvenientes, claro.

Este es el panel. Simplemente escribes lo que deseas y la IA ejecutará el código. Vamos a solicitar, por ejemplo, un castillo. Si lo escribimos tal cual, nos da este resultado.

Para que se adapte mejor a tus deseos, introduce toda la información detallada que puedas. No es lo mismo escribir "Haz un castillo" que "Haz un castillo con un gran jardín, puentes, habitaciones, con un estilo medieval":

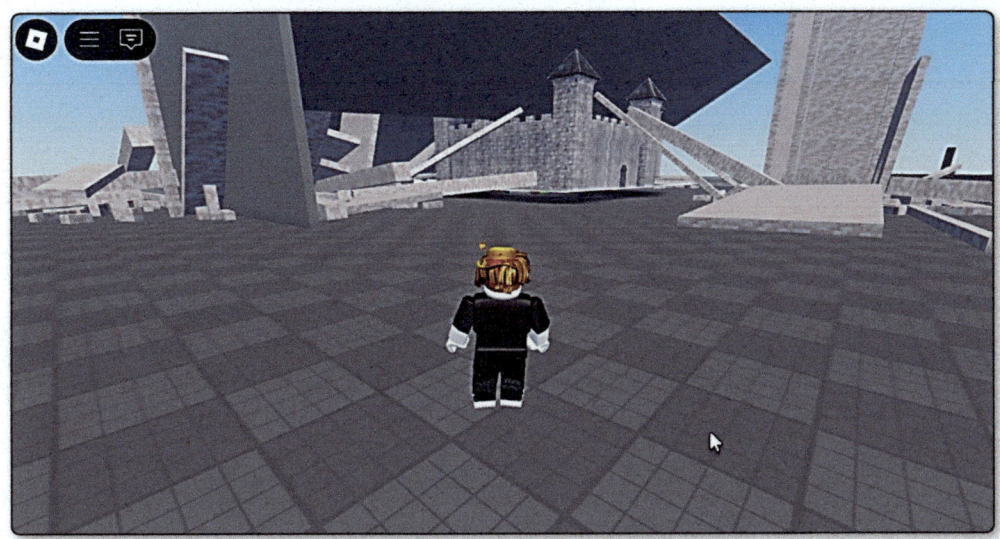

El secreto, si no lo haces programando, es la paciencia. Nada va a salir tal cual lo piensas. Y si sale, has gastado tu dosis de suerte. Sé lo más explícito posible.

Y una cosa que encontrarás a menudo es a tu personaje comido por tu obra. Sí, como lo oyes. Acabar dentro del cemento pasa más veces de las que deseas.

El asistente de la IA se encuentra en el lado izquierdo, justo donde está tu visionado. Indaga, produce y crea todo lo que imaginas. Aunque el resultado es mejor creándolo de cero, este asistente te quitará mucho tiempo de trabajo.

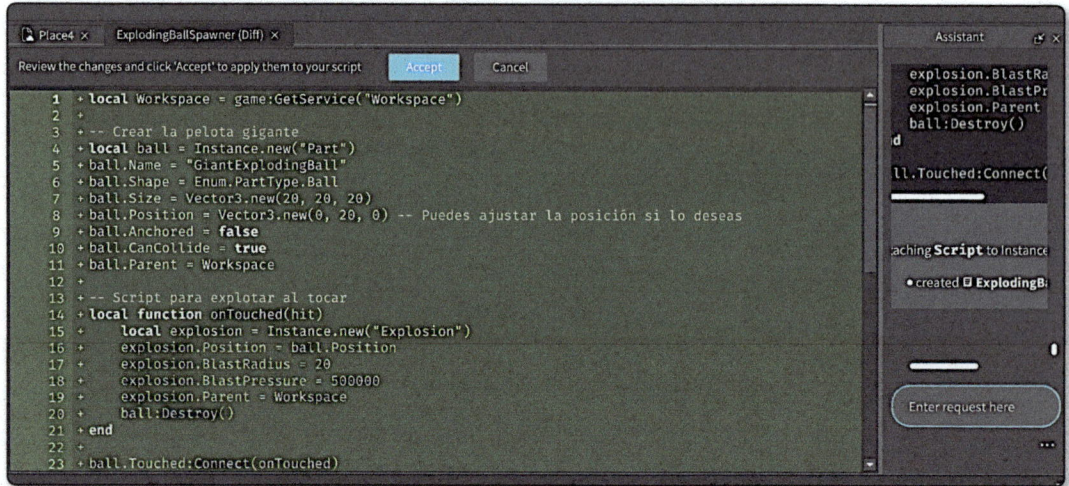

Elaboración a partir de plantilla

Para un principiante, el camino más fácil es utilizar las plantillas y herramientas de construcción incorporadas. Mira siempre las novedades que puede haber, ya que se van introduciendo nuevas plantillas.

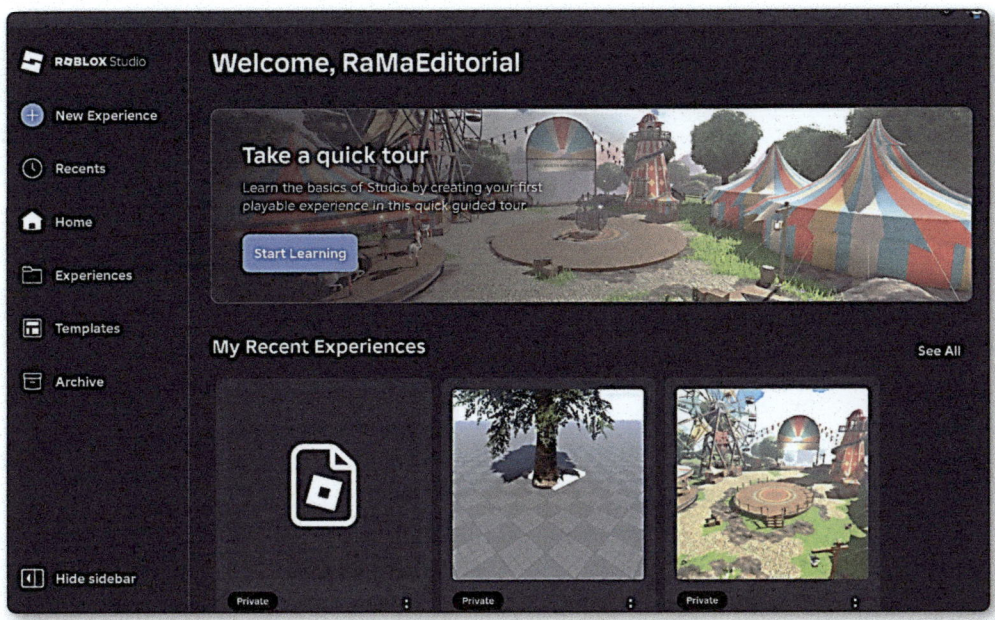

MUY IMPORTANTE

El hecho de que cuando abres una plantilla con un escenario ya establecido (sí, en otras opciones, también) te ofrece un tutorial que deberías ver a fondo ya que te explican diversas opciones de forma sencilla. Editar las formas a tu gusto, introducir nuevos elementos o simplemente para ver cómo se maneja a tu avatar.

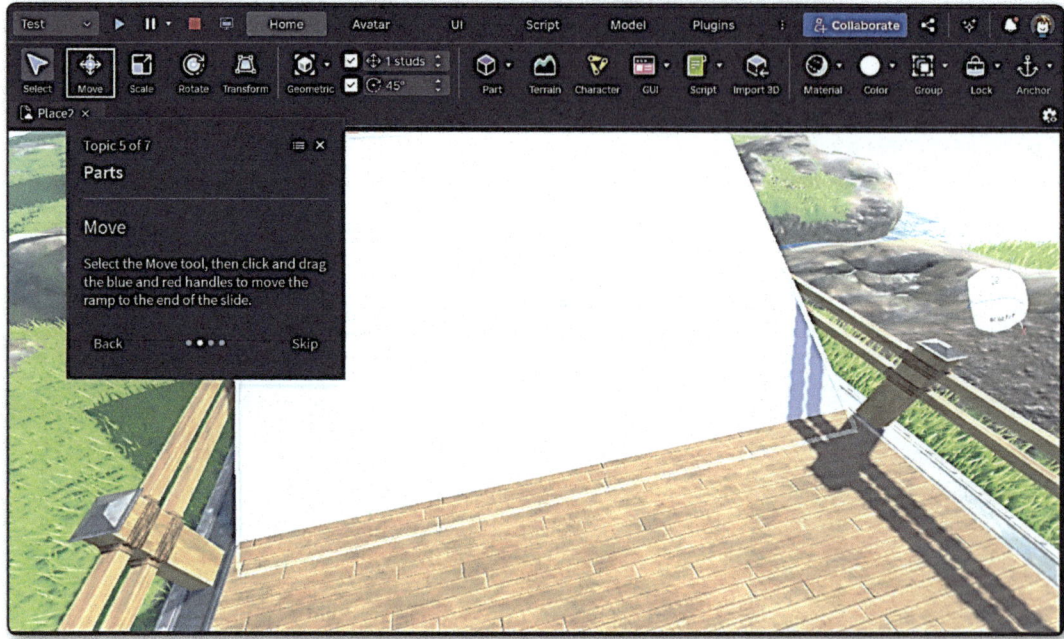

Con tu plantilla, imagina todo lo que seas capaz en un escenario ya establecido. En el ejemplo, ¿cuántas cosas puedes hacer en un parque de atracciones?

Ya solo queda tu imaginación. Y el consejo de ir al sitio oficial de Roblox para ver todas las opciones que tiene Roblox Studio. Usar el asistente de IA, las plantillas establecidas y demás son opciones cómodas pero que se antojan insuficientes para los grandes creadores. O los que parten desde el primer ladrillo.

Una vez satisfechos con nuestra creación, el último paso es compartirla.

▶ **Guardar en Roblox:** la opción Publicar en Roblox permite guardar en línea.

▶ **Configuración de acceso:** en la configuración del juego, pueden elegir si quieren que el juego sea privado (solo para los que elijas) o público (accesible a millones de personas).

Prueba antes de publicar, deben usar el botón "Play" dentro de Studio para probar el juego. Pruébalo en diferentes plataformas ya que muchas veces el resultado no es igual de bueno en un soporte que en otro.

Aunque el mayor consejo es la paciencia y disfrutar. La mayoría de los juegos que disfrutas son fruto del trabajo de mucha gente y durante mucho tiempo. Valóralo.

Ahora, no seas tímido y escribe todos los mundos que has creado o que tienes pensado crear.

¿Eres un superhéroe de la Ciberseguridad?

Lee cada pregunta y elige la respuesta que mejor te proteja en el mundo de Roblox. ¿Preparado?

1. **La contraseña secreta: tu mejor amigo virtual te pide tu contraseña porque dice que te va a comprar un objeto único con sus Robux. ¿Qué haces?**

   a) Se la doy y la cambio después.

   b) Le digo que no y le recuerdo que compartir contraseñas va contra las reglas.

   c) Le doy mi contraseña, pero le pido que jure no decírsela a nadie.

2. **Información personal: un jugador te pregunta por el nombre de tu colegio para ver si sois compañeros. ¿Qué información le das?**

   a) El nombre del colegio, pero no mi curso.

   b) Absolutamente ninguna. Bloqueo al usuario y te lo cuento a ti inmediatamente.

   c) Le doy una pista, como el color de mi uniforme.

3. **El Robux gratis: ves un mensaje que dice: "¡Gana 10.000 Robux GRATIS! ¡Solo haz clic aquí y pon tu nombre de usuario!". ¿Qué haces?**

   a) Hago clic rápido para ver si es verdad.

   b) Lo ignoro, sé que es una estafa (*Phishing*) y que no existe el Robux gratis.

   c) Le pido a un amigo que haga clic primero para ver si es seguro.

4. **El link misterioso: un desconocido te envía un enlace por el chat que dice: "Mira mi casa súper secreta, ¡tienes que verlo!". ¿Qué haces?**

   a) Hago clic, pero solo un segundo.

   b) Lo copio en el buscador para comprobarlo.

   c) NUNCA hago clic en enlaces de desconocidos; podrían robar mi cuenta.

5. **El amigo falso: recibes un mensaje de un "amigo" con un nombre parecido (ej. cambiando una 'a' por una 'o') que te pide dinero. ¿Cuál es la señal de alarma?**

   a) Que me pida dinero.

   b) Que el mensaje sea muy corto.

   c) Que el nombre de usuario sea sospechosamente parecido al de mi amigo real.

Y preguntas para todos. Incluidos los papis, hermanos, tutores… Guardianes de Roblox

6. **El PIN parental: ¿Cuál es la función principal de activar un PIN de 4 dígitos en la configuración de la cuenta?**

   a) Evitar que el menor cambie las restricciones de seguridad o haga compras no autorizadas.

   b) Recordar la contraseña del juego.

   c) Hacer que la conexión a Internet sea más rápida.

7. **La privacidad del chat: ¿Cuál es la configuración de chat más segura para un menor que solo debe hablar con gente conocida?**

   a) "Todos" (para hacer nuevos amigos).

   b) "Solo amigos" o "nadie".

   c) "Amigos de amigos".

8. **Doble verificación: ¿Por qué es fundamental activar la autenticación de dos factores (2FA)?**

   a) Porque hace el juego más rápido.

   b) Porque requiere un segundo código (en el correo/teléfono) para iniciar sesión, protegiendo contra *hackeos*.

   c) Porque te da Robux gratis.

9. **Ciberseguridad en Minecraft vs. Roblox: si tu hijo/a juega en un servidor público de Minecraft, ¿cuál es el mayor riesgo en comparación con Roblox?**

   a) El riesgo de que haya más *zombis*.

   b) El riesgo de que la moderación sea nula y haya más *bullying* o lenguaje ofensivo.

   c) El riesgo de que el juego sea aburrido.

10. **La supervisión: ¿Cuál es la mejor manera de supervisar el juego sin invadir la privacidad?**

   a) Sentarse a leer todas las conversaciones que tienen.

   b) Pedir que juegue en áreas comunes (salón) sin auriculares, fomentando la comunicación.

   c) No mirar nunca la pantalla para mantener la confianza.

RESPUESTAS CORRECTAS

1b, 2b, 3b, 4c, 5c,
6a, 7b, 8b, 9b, 10b.

Y lo más importante, queremos que saques tu lado creativo. Dibuja, pinta, colorea...
Todo lo que pienses: avatares, mundos, Italian Brainrots...

SÍGUENOS EN INSTAGRAM Y ACCEDE GRATIS A NUESTRA BIBLIOTECA DIGITAL DURANTE 30 DÍAS.

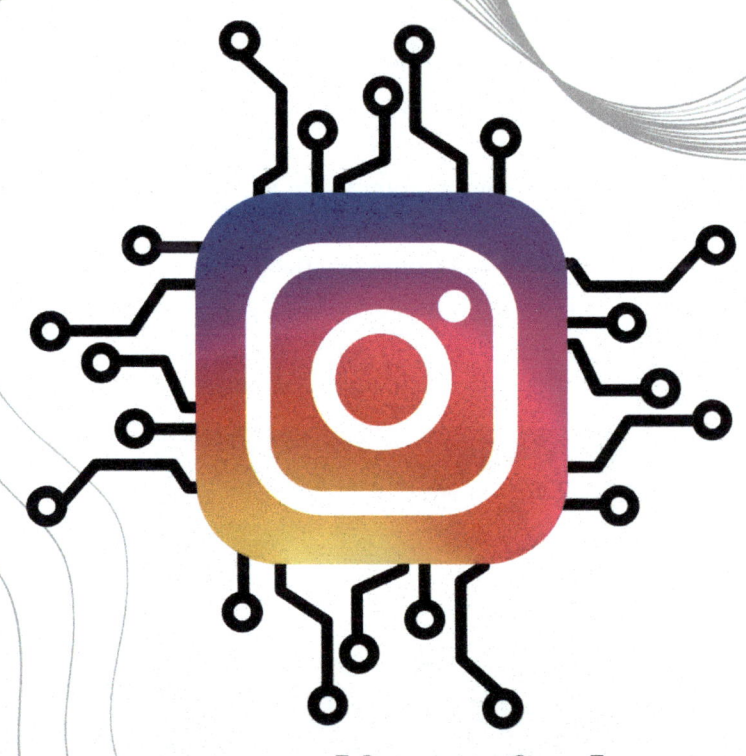

@grupoeditorialrama

¡ENVIANOS TU MAIL POR PRIVADO!

Grupo Editorial
ra-ma

40 ANIVERSARIO